SCORPIO

Thomas Hohensee/Renate Georgy

ZUFRIEDEN GESCHIEDEN

So machen Sie das Beste aus Ihrer Trennung

SCORPIO

MIX
Papier aus verantwor-
tungsvollen Quellen
FSC
www.fsc.org
FSC® C014496

© 2016 Scorpio Verlag GmbH & Co. KG, München
Umschlaggestaltung: Favoritbuero, München unter Verwendung
eines Motivs von © macro-vectors/Shutterstock.com
Satz: BuchHaus Robert Gigler, München
Druck und Bindung: GGP Media GmbH, Pößneck
ISBN 978-3-95803-051-0
Alle Rechte vorbehalten.
www.scorpio-verlag.de

Inhalt

Gratulation!

Nicht zu Ihrer Trennung oder Scheidung. Das wäre unangemessen. Wir sind keine Zyniker.

Gratulation zu Ihrem Entschluss, dieses Buch zu lesen. Zeigt er doch, dass Sie es für möglich halten, Ihre Scheidung relativ zufrieden zu überstehen. Ja, vielleicht sind Sie sogar überzeugt davon, dass man eine Trennung mit einem gewissen Gefühl der Zufriedenheit bewältigen kann, und wollen sich nur noch die dafür nötigen Tipps holen.

Aus der Scheidung das Beste zu machen: Darum geht es in diesem Buch. Wir sagen nicht, dass eine Trennung etwas Wunderbares ist. Auch möchten wir Sie nicht auffordern, aus der »Zitrone«, die Ihnen das Leben aufdrängt, eine Zitronenlimonade zu machen. Was ist, wenn das Leben Ihnen eine Kiste Steine in die Hand gegeben hat? Lässt sich auch damit etwas anfangen? Wir meinen: ja.

Einige von Ihnen sehen dieses Buch vielleicht mit großer Skepsis. Der eine oder die andere möchte sich womöglich nur beweisen, dass das »alles Quatsch« ist, was wir hier sagen. Nur zu! Ob Sie uns zustimmen oder uns widerlegen wollen: Sie werden immer recht behalten.

Das liegt in der Natur der Sache bzw. an der Grundtatsache, auf die wir in »Zufrieden geschieden« immer wieder zu sprechen kommen werden. Sie lautet: Man fühlt und handelt so, wie man denkt. Letztlich bestimmen also Sie allein, was Sie von diesem Buch halten wollen, und vor allem, ob Sie Ihr Handeln davon bestimmen lassen möchten.

Darüber sind wir ausgesprochen froh. Es würde völlig gegen unsere moralischen Vorstellungen gehen, wenn wir Sie zu etwas zwingen könnten, das Sie ablehnen. Wir begrüßen es, dass Sie in Ihrem Denken, Fühlen und Handeln frei sind, egal wie Sie sich entscheiden.

»Wer will, findet Wege. Wer nicht will, findet Gründe.« Wir wünschen Ihnen, dass Sie mithilfe unseres Buchs ganz viele Wege finden, aus Ihrer Trennung das Beste zu machen, und später zufrieden geschieden auf diese Phase Ihres Lebens zurückblicken.

Vom Trennungsschmerz
zur
inneren Stärke

Was nun?

Scheidung gilt als eine der stressreichsten, emotional am stärksten belastenden Situationen, die im Leben eines Menschen auftreten können.

Zahlreiche Gedanken gehen den Betroffenen durch den Kopf:
- Wie geht es jetzt weiter?
- Wovon soll ich in Zukunft leben? Reicht das Geld noch?
- Was wird aus den Kindern?
- Wer bekommt die Wohnung/das Haus?

Außerdem sind oft noch Rechnungen mit dem Ehepartner/der Ehepartnerin offen:
- Warum hat er/sie mir das angetan?
- Bin ich denn nicht mehr liebenswert?
- Wie kann ich ihm/ihr das heimzahlen?

Alles mündet schließlich in die Fragen:
- Werde ich je wieder glücklich sein?
- Wie soll ich die Trennungszeit bloß überstehen? (Es ist alles so furchtbar!)

Trotz dieser drängenden Probleme gibt es immer wieder Menschen, die es schaffen, ihre Ehe ohne großes Drama zu beenden. Ein Teil der Betroffenen übersteht die Trennung völlig unbeschadet und setzt das Leben sorgenfrei fort, ohne allzu sehr unter Trennungsschmerzen zu leiden.

Was machen diese Glücklichen anders? Wie denken sie? Wie handeln sie? Was genau unterscheidet sie von den anderen, die sich von ihrer Scheidung nur schwer wieder erholen?

»Schön und gut«, sagen Sie vielleicht, »mag ja sein, dass einige Paare sich gütlich trennen, aber was ist, wenn der Partner/die Partnerin nicht mitspielt?« Selbst dann braucht man nicht zu resignieren. »Zufrieden geschieden« funktioniert sogar, wenn die andere Seite sich querstellt.

Die folgenden Kapitel gehen auf die wichtigsten Fragen ein, die mit einer Scheidung zusammenhängen. Im Mittelpunkt steht der Umgang mit den eigenen Gefühlen. Nur wer innerlich gelassen bleibt, kann die unvermeidbaren Probleme einer Scheidung optimal bewältigen.

Wir hoffen, dass es Ihnen gelingt, die Informationen dieses Buchs so zu nutzen, dass Sie über die Beendigung Ihrer Partnerschaft gut hinwegkommen und am Ende sagen können: »Ich bin geschieden – und innerlich stärker als vorher.«

Sie sind nicht allein

Nichts ist schwerer, als sich mit seinem Leid allein zu fühlen. Wenn einen niemand versteht, keiner die Erfahrung teilt, fühlt man sich umso schlechter. Umgekehrt gilt: Geteiltes Leid ist halbes Leid. Was bedeutet das für den Trennungsschmerz? Sind Scheidungen etwas extrem Seltenes? Etwas, das völlig aus der Erfahrungswelt der meisten Menschen herausfällt? Überhaupt nicht.

Nach Angaben des Statistischen Bundesamts wurden im Jahr 2013 170 000 Ehen geschieden. Im Jahr davor waren es 179 000. 2003 gab es einen Höchststand mit 214 000 Scheidungen. 2009 wurden von 1000 bestehenden Ehen zehn geschieden. Die durchschnittliche Ehedauer betrug 2013 bei der Scheidung 14 Jahre. Die Hälfte der geschiedenen Ehepaare hatte Kinder unter 18 Jahren. Insgesamt waren 136 000 minderjährige Kinder betroffen.

Wenn man diese Zahlen Jahr für Jahr summiert, kommt man in nur sieben Jahren auf über eine Million geschiedene Ehen. Im selben Zeitraum werden ebenfalls über eine Million Minderjährige zu Scheidungskindern.

Scheidung ist somit eine alltägliche Erfahrung. Viele haben es selbst erlebt. Fast jeder kennt Geschiedene. Jeden Tag entstehen Freundschaften. Täglich gehen Beziehungen in die Brüche. Eheleute trennen sich. Unverheiratete Paare gehen wieder getrennte Wege. Freunde zerstreiten sich. Geschwister wollen nichts mehr miteinander zu tun haben. Die Verbindung zwischen Eltern und Kindern zerbricht.

Die Auflösung von Beziehungen ist nichts Besonderes. Sie ist normal. Das Ende von Freundschaften gehört zum Leben dazu wie die Kündigung von Arbeitsverhältnissen oder der Austritt aus dem Sportverein. Ob Kindergartenfreundschaften, Partnerschaften von Geschäftsleuten oder eben auch Ehen: Sie alle können einmal zu Ende gehen.

Trotzdem tun Trennungen weh. Doch es kann ein erster Trost sein, sich klarzumachen, dass man nicht der Einzige ist, der diesen Schmerz erfährt.

Scheidung – weit oben auf der Stressskala

1967 ließen Stressforscher von 400 Männern und Frauen verschiedene belastende Lebensereignisse bewerten. Aus den Antworten entwickelten sie eine Rangliste der Stresssituationen.

Ganz oben stand mit einem Wert von 100 Punkten der Tod des Ehepartners. Dahinter kam die Scheidung mit 73 Punkten.

Nach dieser Studie scheint eine Scheidung das zweitschlimmste Stressereignis im Leben von Menschen zu sein. Aber stimmt das wirklich? Richtig ist sicherlich, dass viele Menschen unter einer Scheidung beträchtlich leiden.

Jedoch darf man die Ergebnisse dieser einen Studie nicht einfach kritiklos akzeptieren. Zum einen durften die TeilnehmerInnen nicht selbstständig angeben, welche Situationen sie besonders belasteten, sondern es wurden ihnen bestimmte, von den Forschern ausgewählte Ereignisse zur Bewertung vorgelegt. In Büchern über Lampenfieber wird oft behauptet, dass Menschen mehr Angst davor haben, vor einem Publikum eine Rede halten zu müssen, als zu sterben. Wenn dies zuträfe, müsste der Stress, vor vielen Zuhörern zu sprechen, ebenfalls in den Fragenkatalog aufgenommen und bewertet werden, ebenso wie viele weitere Situationen, die erfahrungsgemäß mit Stress verbunden sind. Wahrscheinlich gibt es zahlreiche Lebensereignisse, die Menschen genauso oder noch stärker belasten als eine Scheidung.

Zum anderen weiß man, dass Menschen auf Situationen höchst unterschiedlich reagieren. Was den einen belastet, lässt den anderen relativ kalt. Wie wir noch näher sehen werden, sind es nicht die Ereignisse an sich, die den Stress auslösen. Von entscheidender Bedeutung ist es, wie eine Person die von ihr wahrgenommene Situation bewertet, und vor allem, wie sie ihre Möglichkeiten einschätzt, damit fertigzuwerden.

Die reinen Tatsachen sind für alle Betroffenen gleich. Unterschiedlich sind jedoch ihre Reaktionen. Diese entscheiden darüber, wie viel Stress jemand erfährt. Das ist beruhigend, weil man die Tatsachen nicht ändern kann, sehr wohl aber, wie man auf sie reagiert.

Halten wir an dieser Stelle fest: Eine Scheidung *kann* sehr viel Stress mit sich bringen. Sie *muss* es jedoch nicht. Grundsätzlich hat jeder Mensch Einflussmöglichkeiten, seinen Stress zu lindern oder sogar zu vermeiden.

Grundsätzlich kann die Trennung vom Lebenspartner sogar zu einem stärkenden Ereignis werden. So ungewöhnlich diese Aussage für einige von Ihnen im ersten Moment klingen mag: Sie ist es bei näherem Hinsehen nicht. Ziehen Sie doch einmal den folgenden Vergleich in Betracht: Lösen Kniebeugen oder Liegestützen Stress aus? Für untrainierte Menschen stellen sie gewiss eine Überforderung dar. Sie können die Übungen nicht machen, ohne Schmerzen zu bekommen oder sich dabei sogar zu verletzen. Wer jedoch fit ist und sich auf die Anforderungen richtig eingestellt hat, kann die negativen Folgen vermeiden. Ja, mehr noch: Derjenige wird durch die Belastungen weder geschwächt noch verletzt, sondern kräftiger und widerstandsfähiger! So ist es auch bei einer Scheidung. Mit der richtigen Einstellung und Vorbereitung kann man aus dieser Situation gestärkt hervorgehen.

Die Vor- und Nachteile einer Trennung

Die Nachteile einer Scheidung sind offensichtlich. Darüber wird viel gesprochen und geschrieben. Nicht immer sofort zu erkennen sind die Vorteile. Sie zu sehen erfordert manchmal Zeit.

Beginnen wir mit dem Naheliegenden, also den Nachteilen einer Trennung. Das Ende einer Ehe bringt häufig finanzielle

Einschränkungen mit sich, sei es, dass einer der Beteiligten Unterhalt zahlen muss (für den Partner und/oder die Kinder), sei es, dass die spätere Rente sich verringert oder die wirtschaftlichen Vorteile einer gemeinsamen Haushaltsführung wegfallen (z.B. die gemeinsame Nutzung von Gegenständen statt deren doppelte Anschaffung).

Wer die Kinder in Zukunft allein erziehen muss, kann sich nicht mehr mit dem Partner in jedem Detail beraten, sondern muss sich daran gewöhnen, viele Entscheidungen allein zu treffen und die damit verbundene Verantwortung auch allein zu tragen. Darüber hinaus wird es schwieriger, Zeit für sich selbst zu finden, weil der Partner nicht mehr da ist, der die Kinder übernehmen könnte.

Daher braucht es Zeit, sich auf die neue Situation nach der Trennung einzustellen. Eine Periode des Übergangs, die oft mit bangen Fragen und einer allgemeinen Unsicherheit verbunden ist, steht bevor. Alte Gewohnheiten müssen aufgegeben, neue entwickelt werden.

Und natürlich sind da das Bewusstsein und die Trauer, dass eine Beziehung, die am Anfang mit Liebe und großen Hoffnungen verbunden war, zu Ende gegangen ist. Vielleicht wird dies zunächst verdrängt. Möglicherweise überwiegt erst einmal der Ärger. Aber in nachdenklichen, stillen Stunden wird der Partner dann doch vermisst, jedenfalls der, den man in den besten Momenten gekannt hat.

Und die Vorteile einer Scheidung?

Falls das Ende der Beziehung mit Streit und täglichen Auseinandersetzungen verbunden war, besteht die auffälligste Verbesserung sicher darin, dass Schluss ist mit den andauernden Konflikten. Man muss sich keine Vorwürfe mehr anhören und braucht sich gegebenenfalls nicht mehr gegen verbale Angriffe und Herabsetzungen zu verteidigen. Sofern es zu körperlicher Gewalt oder entsprechenden Drohungen gekommen ist, hat auch das jetzt ein Ende.

Es gibt keinen Streit mehr über die Kinder. Je nach Stand der nachehelichen Beziehung kann es zwar zu Meinungsverschiedenheiten über die Modalitäten des Umgangs kommen. Aber die möglichen Konfliktfelder sind in jedem Fall kleiner geworden.

Mittel- und langfristig ist für manche sogar eine Verbesserung der wirtschaftlichen Verhältnisse möglich. Durch die Aufnahme einer Berufstätigkeit oder eine stärkere Konzentration auf die Karriere ist es unter Umständen möglich, Einkommen und Aufstiegschancen im Beruf zu verbessern. Für einige kann sich das Sprichwort: »Glück im Spiel, aber Pech in der Liebe« bewahrheiten. Mit Spiel wäre in diesem Fall der Beruf gemeint.

Das »Pech« in der Liebe – wenn man es denn so bezeichnen will – muss nicht von Dauer sein. Wer aus der vergangenen Ehe lernt, gemäß dem Motto »Beim nächsten Mann wird alles anders« (das gilt auch für die nächste Frau!), stellt vielleicht eines Tages fest, dass es ein Glück war, das nötige Lehrgeld gezahlt und so die Gelegenheit für eine viel bessere, erfüllendere Partnerschaft geschaffen zu haben.

Mancher entdeckt womöglich, dass das Leben als Single gar nicht so schlecht ist wie gedacht. Dass es im Vergleich zur Ehe vielleicht sogar die bessere Lebensform ist. Anders als in einer Beziehung müssen keine Kompromisse mehr ausgehandelt werden. Man kann tun und lassen, was man will.

Ein Vorteil, der fast immer übersehen oder sogar geleugnet wird, besteht darin, dass die Kinder erleben können, dass es nach einer Scheidung positiv weitergeht. Das Leben besteht nicht nur aus Höhen. Kinder müssen lernen, auch Tiefen zu durchschreiten. Dabei können ihre Eltern ihnen ein Vorbild sein. Wenn die Kinder sehen, dass die Erwachsenen mit Schwierigkeiten umzugehen verstehen und eine Krise in ein neues Glück verwandelt werden kann, gibt ihnen das Mut, eigene Probleme zu bewältigen. Der Elternteil, bei dem die Kinder in Zukunft überwiegend leben, kann allein oder mit einem neuen Partner eine glückliche, harmonische Familie bilden. Dann ist die Scheidung für die Kinder kein traumatisches Ereignis, sondern der Beginn einer guten Zeit oder, wenn die Scheidung einverständlich und freundschaftlich abgewickelt wird, einfach die Fortsetzung eines erfreulichen Lebens unter anderen Umständen.

Manchmal schafft eine Trennung die Voraussetzung dafür, in eine schönere Wohnung und eine bessere Umgebung zu ziehen. Zugleich bietet sie die Gelegenheit, andere Leute kennenzulernen und neue Freundschaften zu schließen.

Eine Scheidung ist ebenso wie die Ehe und das Leben überhaupt eine sehr individuelle Angelegenheit. Deshalb werden die entstehenden Vor- und Nachteile von den Betroffenen sehr unterschiedlich gesehen.

Zweifellos ist jedes Ende zugleich ein Neuanfang. Darin liegen eine Menge Möglichkeiten, offensichtliche und verborgene. Eine Trennung kann sich im Nachhinein als Glücksfall erweisen. Zumindest können die Vorteile, wenn sie denn erkannt und ergriffen werden, die Nachteile ausgleichen. Bis es so weit ist, braucht es allerdings meistens etwas Zeit. Deshalb ist es besser, sich mit einer vorschnellen negativen Bewertung der Scheidung zurückzuhalten. Die Vorteile zeigen sich oft erst nach einigen Jahren.

Scheidungsmythen

Mit Mythen sind die falschen Vorstellungen gemeint, die viele von einer Scheidung haben. Sie sind falsch, weil sie den Tatsachen widersprechen. Aber der Widerspruch zur Realität ist nicht das Schlimmste. Viel schwerer wiegt, dass man sich mit solchen Mythen das Leben unnötig schwer macht.

Falsche Vorstellungen werden nicht dadurch richtig, dass sie weitverbreitet sind. Sie schleppen sich von einer Generation zur nächsten, weil sie die Vorurteile vieler Menschen bestätigen und sich nur wenige um eine Richtigstellung bemühen. So gesehen, sind es ungeprüfte kollektive Überzeugungen.

Wir möchten im Folgenden vier der populärsten Mythen untersuchen.

Mythos Nr. 1: Jede Scheidung ist ein Drama.

Das trifft nicht zu. Eine Scheidung muss kein Drama sein. Zahlreiche Paare beweisen, dass eine einverständliche, freundschaftliche Trennung möglich ist. Es kommt darauf an, was die Beteiligten aus der Sache machen. Wenn sie einigermaßen vernünftig handeln, ist eine Scheidung einfach die Beendigung einer Ehe und der Anfang von etwas Neuem. Nicht mehr und nicht weniger. Kein Grund, sich groß aufzuregen.

Nicht die Scheidung an sich ist schlimm. Schlimm ist, wie manche darüber denken. Wie einige sich angesichts einer Scheidung verhalten: Das ist das Übel. Eine Scheidung ist eine Tatsache. Tatsachen sind neutral. Erst die Bewertungen der Menschen sowie ihre Reaktionen darauf machen aus ihr etwas Negatives.

Eine Scheidung kann ein Glücksfall, eine Befreiung, ein Neuanfang, eine lehrreiche Erfahrung, ein Segen, eine Erlösung oder eine Übung im Umgang mit Stress sein.

Sie ist nicht zwangsläufig ein Unglück. Sie ist es jedenfalls nicht nur. Oft bringt die Beendigung einer Beziehung beides mit sich: Erleichterung und Bedauern.

Alles hängt davon ab, welche Bedeutung man dem Ereignis gibt. Deshalb gehen die Meinungen über eine Trennung nicht selten so weit auseinander. So mag die Ehefrau froh sein über das Ende der Partnerschaft, während der Ehemann leidet. Ihre Mutter kommt zu dem Schluss, die Scheidung der Tochter sei eine Katastrophe, während ihr Vater sie zu ihrem Entschluss beglückwünscht. Das eine Kind trauert, während das andere erleichtert ist.

Wahrheit Nr. 1:
Eine Scheidung kann alles Mögliche sein: ein Drama,
eine Befreiung oder ein Glücksfall. Es kommt darauf an,
was die Beteiligten daraus machen.

Mythos Nr. 2:
Wer sich scheiden lässt, dessen Ehe ist gescheitert.

Scheitern heißt, ein Ziel nicht zu erreichen. Ein Plan oder Vorhaben ist misslungen. Normalerweise haben Paare, die heiraten, viele Ziele und eine Menge Pläne. Sie wollen beispielsweise zusammenleben, Kinder bekommen, ein Haus bauen, Reisen unternehmen, sich gegenseitig fördern, zusammen eine Firma gründen und vieles mehr. Da die durchschnittliche Ehedauer zum Zeitpunkt der Scheidung 14 Jahre beträgt, haben sie in dieser Zeit oft schon viele ihrer Ziele erreicht. Deshalb kann von einem Scheitern keine Rede sein.

Eine Scheidung kann alle möglichen Gründe haben. Vielleicht reichte es von Anfang an nicht für ein dauerhaftes Zusammenleben. Vielleicht haben sich die Gemeinsamkeiten nach mehreren Jahren erschöpft. Menschen ändern sich im Laufe der Zeit. Deshalb kann es vorkommen, dass die Interessen irgendwann nicht mehr zusammenpassen. Im Grunde genommen ist es erstaunlich, dass so viele Paare jahrzehntelang glücklich zusammenleben.

Manche Paare bleiben nach der Scheidung freundschaftlich verbunden. Sie trennen sich einvernehmlich, ohne Streit.

Wahrheit Nr. 2:
Ehen scheitern nicht. Manchmal werden sie jedoch beendet.

Mythos Nr. 3: Eine Scheidung ist ein Makel.

Ein Makel, das ist ein bleibender gravierender Fehler, ein moralischer Lapsus, der aus der Biografie nie wieder zu tilgen ist, ein Schandfleck, etwas, wofür man sich sein Leben lang schämen muss.

In der Tat galt eine Scheidung früher als Makel. Eine Ehe wurde überhaupt nur dann geschieden, wenn einer Seite ein Verschulden nachgewiesen werden konnte. Einer der Beteiligten musste eine schwere moralische Verfehlung begangen haben, eine Art Verbrechen gegen die Ehe.

Die Zeiten haben sich geändert. Eine Scheidung setzt heute nur voraus, dass ein Ehepartner oder beide wieder getrennt leben wollen. Die Gründe, warum sie das möchten, sind egal. Es wird keine »schmutzige Wäsche« mehr gewaschen, selbst wenn der eine oder andere dies im Scheidungsprozess immer noch gerne tun würde.

Eine Scheidung ist heute einfach eine Scheidung. Was jemand darüber hinaus damit verbinden möchte, ist Ansichtssache. Es gibt keinen gesellschaftlichen Konsens mehr über die Bedeutung einer Trennung. Manche sehen sie als Makel, als Folge eines Charakterfehlers, als Verstoß gegen ein heiliges Sakrament. Andere betrachten sie als die amtliche Bestätigung des dauerhaften Getrenntlebens, als Voraussetzung für eine neue Ehe oder als Ende eines bestimmten Kapitels der persönlichen Lebensgeschichte.

Wahrheit Nr. 3:
Früher war eine Scheidung ein Makel. Heute kommt sie in den besten Kreisen vor.

Mythos Nr. 4:
Eine Scheidung macht alle Betroffenen zu Opfern.

In jedem Drama gibt es Opfer. Wenn man eine Scheidung jedoch nicht als Drama ansieht (siehe oben), dann gibt es auch keine Opfer.

Richtig ist, dass eine Scheidung Folgen hat. Diese sind aber regelmäßig nicht so übel wie bei einem Unfall oder einer schweren Krankheit. Die Trennung ist kein Schicksalsschlag. Die

Eheleute sind und bleiben verantwortlich für ihren Lebensweg und ihr Wohlbefinden. Beides hängt nur zu einem geringeren Teil von der Scheidung ab.

Trotzdem behaupten Betroffene immer wieder, sie würden durch die Scheidung zu Opfern gemacht, und ein Teil der Presse greift dieses Thema gerne auf. Schauen wir uns die Tatsachen an. Werden die Ehemänner, die Ehefrauen und ihre Kinder wirklich zu Leidtragenden der Trennung?

Angeblich wird der Ex-Ehemann, der meist der besser verdienende Partner ist, zum Opfer, weil er seiner früheren Ehefrau und seinen Kindern Unterhalt zahlen muss, und zwar so viel, dass ihm praktisch selbst nichts mehr zum Leben bleibt, und das ein Leben lang. Seine weitere Lebensplanung, insbesondere eine neue Ehe, sei ihm dadurch verbaut.

In Wirklichkeit zahlt nur eine kleine Minderheit der Ex-Ehemänner für die frühere Ehefrau Unterhalt. Entweder besteht seitens der Ehefrau überhaupt kein Anspruch oder ihr früherer Partner verweigert trotz eines bestehenden Anspruchs die Zahlung, und die Ex-Ehefrau klagt ihr Recht nicht ein.

Nach einer Studie des Bundesfamilienministeriums erhalten zwei Drittel aller unterhaltsberechtigten Frauen nach der Scheidung keinen Unterhalt, ein Drittel im Durchschnitt 383 Euro monatlich. Daraus geht hervor, dass die finanziellen Einbußen der Männer weit geringer ausfallen, als behauptet wird, und sie schneller wieder auf ihr altes Einkommensniveau zurückkehren. Insgesamt gibt es für Männer daher weniger zu klagen, als es in den sensationsheischenden Medien den Anschein hat.

Fakt ist, dass ein großer Teil der Ex-Ehemänner überhaupt nicht in der Lage ist, Unterhalt zu zahlen. Nach Abzug ihrer eigenen Lebenshaltungskosten bleibt für Unterhaltszahlungen nichts mehr übrig. Und wenn etwas übrig bleibt, gehen die Ansprüche der Kinder, auch der Kinder aus einer neuen Ehe, vor. Grundsätzlich sind nach der Neuregelung der Unterhaltspflichten auch die Rechte der neuen Ehefrau vorrangig, sofern sie Kinder betreut. Die Ex-Ehefrau geht also meistens leer aus. Unterhaltszahlungen an sie stellen daher häufig ein reines Luxusproblem dar. Es geht nur die Zahlungsfähigen an. Außerdem sind Unterhaltsansprüche, soweit sie denn bestehen, der Höhe und Dauer nach begrenzt. Der Aufschrei in der Öffentlichkeit steht somit in keinem Verhältnis zur Realität.

Dass Väter für den Unterhalt ihrer Kinder verantwortlich sind, sollte eine Selbstverständlichkeit sein. Die Scheidung ändert an diesem Tatbestand nichts. Die Väter müssen vor und nach der Trennung gemeinsam mit den Müttern für die Lebenshaltungskosten ihrer Kinder aufkommen.

Übersehen wird bei der ganzen Diskussion außerdem gerne, dass von den Ex-Ehemännern, die Unterhalt zahlen, ein Teil dies ohne Murren tut. Sie fühlen sich weiter verantwortlich für ihre frühere Lebenspartnerin, sind ihr freundschaftlich verbunden. In den meisten Fällen schmerzt nicht das zu zahlende Geld, sondern der anhaltende Groll die Ex-Ehemänner. Vor allem aus diesem Grund brechen sie lauthals in Klagen über die ach so schrecklichen, unerträglichen Unterhaltsverpflichtungen aus. Für ihre negativen Gefühle sind sie jedoch selbst verantwortlich. Die Ex-Ehemänner sind keine Opfer.

Und die Ex-Ehefrauen? Sind sie Opfer? Natürlich können auch für sie die Folgen einer Scheidung nachteilig sein, aber zu Opfern werden sie dadurch nicht. Man kann darüber streiten, ob das neue Unterhaltsrecht in manchen Fällen zu Härten für die Ehefrauen führt. Sie haben typischerweise die Last der Kindererziehung. Auf dem Arbeitsmarkt sind sie benachteiligt, was den Zugang zu Stellen und ihre Bezahlung angeht. Die Emanzipation der Frauen steht bei uns auch heute noch teilweise nur auf dem Papier. Zwar hat sich seit dem 20. Jahrhundert für das weibliche Geschlecht eine Menge geändert. Aber eine strukturelle Diskriminierung ist immer noch zu erkennen.

Dennoch sind Ehefrauen keine Opfer. Durch Eheverträge können sie viele ehebedingte Nachteile vermeiden. Darüber hinaus könnten sie ihre Rechte durch Bündnisse und eine engagierte Interessenvertretung stärken. Die rechtliche Gleichstellung der Frau im 20. Jahrhundert ist nicht vom Himmel gefallen, sondern war das Ergebnis eines Geschlechterkampfs. Das hören zwar manche nicht gerne, es ist aber eine geschichtliche Tatsache. Wenn die Frauen in ihrem Kampf um die Emanzipation nachlassen, dürfen sie sich über alte und neue Benachteiligungen nicht wundern.

Um seine Rechte muss man kämpfen. Das ist leider so. Arbeitnehmerinnen, Mieter, Versicherte und andere müssen ihre Interessen durch Gewerkschaften, Mieterorganisationen und Verbraucherschutzverbände wahrnehmen. Sonst werden ihre Interessen nicht berücksichtigt.

Viele Ehemänner sehen die Auseinandersetzung mit ihren Ehefrauen »sportlich«. Sie sind es gewohnt, für ihre Belange zu kämpfen, sei es im Fußballverein, am Arbeitsplatz oder eben in der Familie. Frauen dagegen können es oft mit ihrem Selbstbild nicht vereinbaren, entschieden für ihre Rechte einzutreten. Es ist Teil des »Spiels«, dass sie dazu von den Männern nicht ermutigt werden. So kommt es, dass Frauen, die zu einem zwanghaft freundlichen Verhalten erzogen wurden, beleidigt reagieren, wenn Männer ihre Interessen selbstsicher, oft sogar aggressiv, durchsetzen. Sie fühlen sich dann als Opfer.

Nicht selten sind der Alkoholismus des Ehemanns und die damit verbundenen Folgen der Grund für eine Scheidung. Leider verhalten sich Ehefrauen oft lange Zeit co-abhängig, das heißt, sie unterstützen indirekt das Trinken, indem sie es entschuldigen und dem Mann helfen, ein nach außen hin ordentliches Leben aufrechtzuerhalten. Erst wenn sie die Aussichtslosigkeit ihres Tuns erkennen, wird ihnen die Tragweite ihres Handelns für die ganze Familie bewusst. In dem Moment reichen sie die Scheidung ein. Auch wenn es schwerfällt, sich aus einer Co-Abhängigkeit zu befreien, macht es doch keinen Sinn, von einer Opferrolle zu sprechen. Erst recht ist die Scheidung nicht die Ursache des Leidens, sondern im Gegenteil ein notwendiger Schritt in Richtung Freiheit und Lebensglück.

Dazu passt die Tatsache, dass Frauen nach der Scheidung wesentlich zufriedener sind als ihre früheren Ehemänner. Sie sehen mehr Vorteile in der Scheidung und nehmen die Trennung als Chance wahr, die unbefriedigende Ehe hinter sich zu lassen. Schließlich sind sie es auch, die in der Mehrzahl der Fälle den Scheidungsantrag einreichen. Die Anpassung an die neue Situation fällt Frauen offenbar trotz schwierigerer Lebensumstände leichter. Das heißt: Obwohl sich finanziell ihre Lage häufig verschlechtert, gravierender als bei den Ex-Ehemännern, sehen sie die Trennung mit Blick auf ihr subjektives Wohlbefinden als Gewinn. Wie lässt sich angesichts dieses Sachverhalts davon sprechen, sie würden durch die Scheidung zu Opfern?

Bleiben die Kinder. Wenn schon die Mütter und Väter keine Opfer sind, dann sind doch aber bestimmt ihre Kinder die Leidtragenden bei einer Scheidung. So wird es jedenfalls gebetsmühlenartig immer wieder behauptet.

Auch diese Behauptung hält einer Überprüfung nicht stand. Wie der Schweizer Kinderarzt und Wissenschaftler Remo Largo in seinem Buch *Glückliche Scheidungskinder* dargelegt hat, überstehen die meisten Kinder eine Scheidung unbeschadet. Sofern sie leiden, resultiert ihr Unglück eher aus der trostlosen Ehe der Eltern oder daraus, dass die Eltern auch nach der Trennung diese nicht angemessen verarbeiten. Schließlich darf man nicht übersehen, dass Kinder ebenso unglücklich sein können, wenn die Eltern sich nicht trennen. Die Ehe an sich ist ja keine Garantie für das Glück der Kinder. Vielmehr brauchen diese kompetente Eltern, die physisch und psychisch für ihren Nachwuchs sorgen können.

Nur Idealisten verklären die Ehe. Sie stellen sie als Idylle dar, die wie durch Zauberei alle Menschen automatisch glücklich mache. Nichts könnte der Realität ferner sein. Der Bestand der Ehe allein vermag nicht das Geringste. Wenn sich die Eltern ständig streiten und in der Familie eine unheilvolle Grundstimmung herrscht, dann bedrückt das die Kinder. Sie erleben Mutter und Vater nicht als Vorbild für ein gutes Zusammenleben, sondern bekommen den Eindruck, Konflikte seien unlösbar. Daher kann eine Scheidung die weitaus bessere Alternative sein.

Wäre eine Trennung im Leben der Kinder das Schlimmste, was ihnen passieren kann, hätten in früheren Jahrhunderten, als eine Scheidung ausgeschlossen war oder äußerst selten vorkam, alle Menschen glücklich heranwachsen müssen. Das war aber nachweislich nicht der Fall. In den Familien herrschte oft Gewalt. Kinder wurden regelmäßig geprügelt. Im Vergleich dazu ist eine Trennung der Eltern leicht zu bewältigen.

Entscheidend ist für Kinder, dass sie eine verlässliche Bezugsperson haben. Das müssen nicht einmal die Eltern sein. Kinder machen sich vor allem dann Sorgen, wenn ihre eigene Zukunft nicht gesichert ist. Sie sind gesunde Egoisten. Der Gesetzgeber hat diesem Umstand inzwischen Rechnung getragen, indem er Kindern eigene Rechte übertragen und ihre Interessen damit anerkannt hat. Ihr Wohl mit dem der Eltern gleichzusetzen wurde der Wirklichkeit nicht gerecht.

Aber haben wir nicht alle von Menschen gehört, die als Erwachsene unglücklich darüber sind, dass ihre Eltern geschieden waren, und die meinen, ihr Leben wäre besser verlaufen, wenn die Eltern zusammengeblieben wären? Ja, aber dieser Standpunkt beruht auf reiner Spekulation. Niemand weiß, wie es wirklich weitergegangen wäre. Vielleicht wäre es überhaupt nicht so gut geworden, wie es sich manche später ausmalen. Die Fantasie »Wenn meine Eltern sich nicht hätten scheiden lassen« musste nie den Test der Realität bestehen.

Alles in allem sind Kinder jedenfalls ebenso wenig Opfer einer Scheidung wie ihre Väter und Mütter. Wir wollen nicht leugnen, dass mit einer Trennung vielfältige Härten verbunden sein können. Nur macht es wenig Sinn, eine Scheidung generell negativ darzustellen. Die Lebenswirklichkeit ist zu verschieden, um pauschale Urteile über Trennungen abgeben zu können. Deshalb möchten wir noch einmal wiederholen: Eine Scheidung ist eine Scheidung. Sie ist einfach eine Tatsache. Was die Betroffenen daraus machen, ist wichtiger als der Umstand, dass zwei Menschen nicht länger zusammenleben.

Wahrheit Nr. 4:
Sich als Opfer zu betrachten wird der Realität selten
gerecht. Es schwächt nur die Kräfte, die man braucht,
um die Scheidung zu bewältigen.

Was Sie kontrollieren können und was nicht

Es gibt Dinge, die kann kein Mensch bestimmen. Niemand kann das Wetter beherrschen, Erdbeben verhindern, die Meere teilen oder durch die Lüfte fliegen wie eine Schwalbe.

Das Wetter ist zwar ein beliebtes Thema für den Smalltalk. Mal ist es zu kalt, dann wieder zu heiß oder zu nass. Man kann viel dazu sagen, aber letztlich muss man es so hinnehmen, wie es ist. Man stellt sich darauf ein und dann geht es auch. Jeder lernt, sich über das Wetter nicht zu viele Gedanken zu machen, sich nicht zu sehr darüber zu ärgern, wenn es anders ist, als man es sich wünscht.

Das Verhalten der anderen zählt ebenfalls zu den Dingen, die nicht kontrollierbar sind. Ebenso wenig kann man bestimmen, was jemand denkt und fühlt. Anders als beim Wetter glaubt man jedoch, sich damit nicht abfinden zu können, ja nicht einmal zu dürfen. Verzweifelt redet man auf andere ein. Manchmal droht man ihnen oder versucht ihnen Schuldgefühle zu machen, damit sie das tun, was man will. Aber im Großen und Ganzen ist dieses Bemühen vergeblich. Die anderen machen doch, was sie wollen. Sie haben ihre eigene Meinung. Ihr Gefühlsleben bestimmen sie selbst. Sie ärgern, ängstigen und freuen sich, wie es ihnen beliebt.

Am deutlichsten wurde Ihnen das vielleicht bei Ihrem früheren Partner. Sie haben wahrscheinlich mehr oder weniger schmerzvoll erfahren, dass Sie ihn nicht kontrollieren können, auch wenn Sie es möglicherweise immer wieder versucht haben. Er dachte, fühlte und tat, was er wollte. Jeder macht diese Erfahrung, besonders mit den Menschen, die ihm wichtig sind. Bei den übrigen ist es einem eher egal. Aber bei den Kindern, Eltern, Arbeitgebern, Angestellten, Kollegen und Freunden hat man klare Erwartungen. Ebenso wie beim eigenen Partner merkt man jedoch immer wieder, dass all diese Menschen tun, was sie wollen. Sie sind in ihren Entscheidungen frei. Man kann sie nicht an die Leine nehmen.

Solange man mit den Ansichten, Gefühlen und Handlungen der anderen einverstanden ist, freut man sich über ihre Autonomie. Das ändert sich aber schnell, wenn man auf Widerspruch, Disharmonie und missliebiges Verhalten stößt. Es fällt den meisten Menschen schwer, sich damit abzufinden. Sie versuchen – meist vergeblich – etwas zu kontrollieren, was nicht in ihrer Macht steht. Das heißt nicht, dass man auf die Entscheidungen der anderen, auf ihre Meinungen, Gefühle und Handlungen keinen Einfluss nehmen könnte. Aber Einflussnahme ist etwas anderes als Kontrolle. Sie ist begrenzt. Und diese Grenzen können schmerzen, wenn die eigene Vorstellung, wie sich jemand benehmen sollte, von dessen tatsächlichem Verhalten stark abweicht. Daher wäre es gut, einzusehen, dass andere Menschen nicht beherrschbar sind, und dies ähnlich gleichmütig hinzunehmen wie das Wetter. Man würde sich dann weniger ärgern oder grämen, wenn man unterschiedliche Meinungen, Gefühle und Reaktionen feststellt.

Das gilt gerade auch vor, während und nach einer Scheidung. Sie tun gut daran, sich immer wieder bewusst zu machen, dass Sie nicht kontrollieren können, was Ihr Partner oder Ihre Partnerin denkt, fühlt oder tut. Auch die Meinung der anderen über Ihre Scheidung sollte Ihnen relativ egal sein. Sie können sie sowieso nicht ändern.

Achten Sie lieber auf das, was in Ihrer Macht steht. Was hängt nur von Ihnen ab? Ihre eigenen Gedanken, Gefühle und Handlungen.

Beginnen wir beim Verhalten: Manchmal heißt es: »Der hat mich daran gehindert, dass ...« oder »Ich hätte ja, aber es ging nicht, weil diese Person ...« Genau genommen, stimmt das nicht. Mag sein, dass man sich einschüchtern ließ. Vielleicht wollte man einfach Rücksicht nehmen. Aber es beruht immer auf einer eigenen Entscheidung, ob man etwas tut oder lässt. Andere können einen nicht aufhalten, das zu tun, was man will. Um jemanden wirklich daran zu hindern, muss man demjenigen Fesseln anlegen.

Probieren Sie es aus. Überzeugen Sie sich selbst von Ihrer eigenen Freiheit im Verhalten. Wenn Sie wollen, können Sie jetzt sofort oder bei nächster Gelegenheit beide Arme in die Luft strecken, sich einen Kaffee holen oder eine Zeitung kaufen.

Sie können es aber auch lassen. Das ist allein Ihre Sache. Egal wie Sie sich entscheiden: Es beweist, dass Sie Ihr Verhalten beherrschen.

Außer Ihren Handlungen können Sie Ihre Gedanken bestimmen. Was Sie denken, darüber haben Sie die Kontrolle. Allerdings ist dies nicht so einfach wie beim Verhalten. Viele wissen nicht einmal, dass sie ihre Gedanken lenken können. Sie sind sich ihres inneren Selbstgesprächs nicht oder nur selten bewusst. Das ist insofern absurd, als sie häufig versuchen, die Ansichten anderer zu ändern, aber kaum den Versuch unternehmen, ihr eigenes Denken zu prüfen und sich gegebenenfalls andere Gedanken zu machen. Lassen Sie sich den Ausdruck »sich Gedanken machen« einen Moment auf der Zunge zergehen. Die Sprache ist oft klüger als wir selbst. Sie drückt zutreffend aus, dass unsere Gedanken uns nicht einfach überfallen, sondern wir uns »Gedanken machen«.

Zahlreiche Menschen wünschen sich, ihre Gedanken einmal eine Zeit lang abschalten zu können. Aber sie wissen auch in diesem Fall nicht, wie sie das anstellen sollen.

Überzeugen Sie sich selbst davon, dass Sie die Kontrolle über Ihren Verstand haben. Stellen Sie sich vor,

- Sie würden Ihre Arme heben. Tun Sie es bitte nicht, sondern machen Sie es nur in Gedanken. Nehmen Sie sich etwas Zeit. Heben Sie dreimal in Gedanken Ihre Arme.
- Sie würden sich irgendwo einen Kaffee holen. Gehen Sie in Ihrer Vorstellung den Weg in die Küche oder zum nächsten Coffeeshop oder wo immer Sie sonst einen Kaffee bekommen können.
- Als Nächstes summen Sie bitte in Gedanken ein Lied. Nehmen Sie, was Ihnen gerade in den Sinn kommt. Wie wäre es mit »Alle meine Entchen« oder »Jingle Bells«?

Können Sie sich auch vorstellen, wie es sich anfühlt, die Hand in kaltes Wasser zu tauchen? Sind Sie in der Lage, den Duft einer Rose oder den Geruch von Zimt oder Vanille in diesem Augenblick rein mental wahrzunehmen?

Anschließend denken Sie bitte darüber nach, wie Sie den heutigen Abend und den morgigen Tag verbringen wollen. Und zum Schluss überlegen Sie, was Sie tun können, um Ihre mit der Scheidung verbundenen Probleme Schritt für Schritt zu lösen.

Sie sehen: Wenn Sie sich auf diese Experimente einlassen, können Sie Ihre inneren Sinneswahrnehmungen und Ihre Gedanken steuern. Wie beim Handeln ist es so, dass niemand Sie zwingen kann, etwas Bestimmtes zu denken. Das können nur Sie selbst. Mehr noch: Während Ihre äußere Freiheit dadurch beschnitten werden kann, dass man Sie einsperrt, ist es unmöglich, Ihnen Ihre innere Freiheit zu nehmen. Die Gedanken sind – zum Leidwesen aller Diktatoren – frei. Nutzen Sie diese Freiheit. Sie müssen nicht innerlich in Ihren Problemen versinken. Denken Sie stattdessen über mögliche Lösungen nach. Beenden Sie Ihre negativen, entmutigenden Selbstgespräche. Setzen Sie den pessimistischen Gedanken optimistische entgegen. Schalten Sie um.

Und wie schaltet man das Denken ab? Dafür gibt es bekanntlich keinen Knopf. Deshalb ist es schwierig. Leichter gelingt es, Abstand zu den »Innengeräuschen« zu gewinnen. Wir kommen auf dieses Thema im Abschnitt »Dem Verstand eine Ruhepause gönnen« zurück. Wenn Sie wollen, können Sie schon mal ein bisschen vorblättern.

Bleiben noch die Gefühle. Kann man seine Gefühle beherrschen? Lassen Sie uns mit einer Gegenfrage antworten: Wollen Sie es denn? Interessanterweise reagieren etliche mit einem gewissen Unbehagen auf die Vorstellung, die eigenen Gefühle unter Kontrolle zu bekommen. Wird man dann nicht zum Roboter?, fragen sie. Wir können Sie in diesem Punkt beruhigen. Es ist möglich, seine Gefühle zu regulieren, ohne deshalb maschinenhaft, künstlich oder unpersönlich zu werden. Im Gegenteil: Mit den eigenen Gefühlen umgehen zu können gehört zum Kern der Selbstbeherrschung. Vielleicht klingen Wörter wie Beherrschung und Kontrolle für Sie nach Zwang oder Diktatur. Es ist schade, dass Herrschaft und Kontrolle immer wieder missbraucht wurden. Das sollte aber niemanden daran hindern, Selbstbeherrschung anzustreben. Sehen Sie es mal andersherum: Haben Sie schon mal erlebt, dass jemand die Kontrolle über sich verloren hat, vielleicht sogar Sie selbst? War das eine angenehme Erfahrung? Möchten Sie es öfter erleben? Wir glauben, dass der Verlust der Selbstbeherrschung für die Mehrzahl der Menschen nichts Erstrebenswertes ist. Deshalb möchten wir Ihnen Wege aufzeigen, Ihre Gefühle zu kontrollieren. Dann müssen Sie sich nicht mehr so oft, so lange und so intensiv ärgern oder quälen wie in der Vergangenheit. Stattdessen können Sie sich öfter, länger und intensiver freuen. Wäre das nicht wunderschön?

Prinzipiell ist es schwieriger, seine Gefühle zu kontrollieren als das Verhalten und die Gedanken. Aber Sie können es einfach mal probieren. Vielleicht klappt es (genauere Anleitungen finden Sie in den nächsten beiden Kapiteln).

Denken Sie an etwas, über das Sie sich vor Kurzem geärgert haben. Wenn Sie die Situation vor Ihrem geistigen Auge wiedererstehen lassen, können Sie dann auch etwas von dem Ärger spüren, der damit verbunden war?

Und so schalten Sie auf ein anderes Gefühl um: Malen Sie sich eine Situation aus, in der Sie sich gut entspannen können. Wann fühlen Sie sich richtig wohl? Verweilen Sie eine Zeit lang bei dieser Vorstellung. Indem Sie angenehme Zeiten gedanklich wieder aufleben lassen, stellt sich das dazugehörige Gefühl ein. Wenn Sie in den vergangenen Wochen nur noch angespannt waren, gehen Sie in Ihrem Leben so weit zurück, bis Sie Momente oder Zeiten finden, wo Ihnen Entspannung möglich war.

Indem Sie an etwas anderes denken, können Sie Ihre Gefühle ändern. Das braucht unter Umständen etwas Übung. Leider nehmen sich die meisten Menschen mehr Zeit, in ärgerlichen Erinnerungen zu schwelgen als in glücklichen. Aber Sie können das umkehren.

Aus leidvoller Erfahrung wissen Sie wahrscheinlich, dass es Ihnen nicht immer möglich war, sich selbst zu beherrschen. Die Gefühle schienen mit Ihnen durchzugehen (in Wirklichkeit waren Sie es, die ihnen freien Lauf ließen). Ihre Gedanken rasten und machten, was sie wollten (jedenfalls kam Ihnen das so vor, doch Sie hätten sie stoppen können). Selbst Ihr Verhalten hatten Sie nicht immer im Griff. Sie taten Dinge, die Sie später bereut haben. (Aber es wäre nicht nötig gewesen.)

Es ist schon schwer genug, das eigene Denken, Fühlen und Tun zu regeln. Verstehen Sie jetzt, warum es umso aussichtsloser ist, die Gedanken, Gefühle, Handlungen von anderen kontrollieren zu wollen? Wenn man es nicht einmal bei sich schafft, wie sollte es einem bei anderen gelingen? Beginnen Sie deshalb lieber bei sich selbst, bevor Sie es bei anderen versuchen.

Wir wagen eine Prognose:
Wenn Sie lernen, Ihre Gedanken, Gefühle und Handlungen zu beherrschen, werden Sie unter der Scheidung wenig leiden und Ihre praktischen Probleme leichter lösen.

Der Weg zur inneren Stärke

Die erste Frage, die sich viele stellen, wenn sie eine schmerzliche Erfahrung machen müssen, lautet: »Warum ich?«, oder sogar: »Warum immer wieder ich?« Diese Reaktion ist zwar verständlich, sie ist aber überhaupt nicht hilfreich, weil sie den Schmerz nicht lindert, sondern verstärkt. Hilflosigkeit und das Gefühl, bestraft zu werden, kommen darin zum Ausdruck. Beides verschlimmert die Situation. Wer sich hilflos fühlt, gibt sich auf, wird passiv, anstatt die Probleme anzupacken und die Lage dadurch zu verbessern. Die Umstände, Gott, sich selbst oder den Ex-Partner anzuklagen, verbraucht Kräfte, die man lieber dafür einsetzen sollte, sich eine bessere Zukunft aufzubauen.

Hilfreicher ist es, Verantwortung zu übernehmen. Wenn man in eine Situation geraten ist, die man sich nicht gewünscht hat, wie zum Beispiel eine Scheidung, ist es angebracht, sich zu fragen, wie es dazu kommen konnte, vor allem was man selbst dazu beigetragen hat. Solange man immer nur die anderen und die Umstände für seine Lage verantwortlich macht, ist man in Gefahr, dass sich die schmerzliche Situation später wiederholt. Man kommt aus ihr nur heraus, indem man sich selbst gegenüber ehrlich ist. Damit ist nicht gemeint, dass man sich Schuldgefühle machen sollte. Es geht lediglich darum, den Tatsachen ins Auge zu blicken.

Zur Selbstverantwortung gehört, sich klarzumachen, dass man sich den Partner bzw. die Partnerin selbst ausgesucht hat. Man wurde schließlich nicht zwangsverheiratet. Das ist das Mindeste, was man sich eingestehen muss. Hat man Warnsignale übersehen? Die innere, leise Stimme überhört, die einem von einer Heirat mit dieser Person abriet? Was hat man gesagt und getan bzw. versäumt, zu sagen und zu tun, das mit dazu beitrug, dass die Ehe mit der Trennung endete? Mitverantwortung ist hier das entscheidende Stichwort. Sie sollen sich nicht allein dafür verantwortlich machen, dass es zur Scheidung gekommen ist. Aber es ist wichtig, die eigenen Anteile daran zu erkennen, um sie in Zukunft bei der Wahl des Partners und im täglichen Umgang mit ihm vermeiden zu können.

Eine schlechte Situation können Sie dadurch verwandeln, dass Sie eine Lernhaltung einnehmen. Statt sich zu fragen »Warum ich?«, suchen Sie Antworten auf die Frage »Was kann ich daraus lernen?«. Selbst wenn es Ihnen im Moment noch nicht so vorkommen mag, bietet eine Trennung eine Vielzahl an Möglichkeiten, daran zu wachsen und stärker zu werden.

Zweifellos zählt eine Scheidung zu den schwierigeren Problemen, die manche im Laufe ihres Lebens lösen müssen. Da sie so vieles betrifft (die Gefühle, das Denken, die Lebensgewohnheiten, den Umgang mit dem Partner in einer länger andauernden Konfliktsituation sowie die möglichen finanziellen und rechtlichen Folgen), fordert sie einen auf mehreren Gebieten gleichzeitig heraus. Deshalb kann sie auf den ersten Blick überwältigend und einschüchternd wirken. Auf der anderen Seite bietet eine Trennung aber die Chance, sich auf all diesen Feldern weiterzuentwickeln. Sie kann zu einem Crashkurs in Sachen Persönlichkeitsentwicklung werden, wenn Sie bereit sind, die Herausforderung anzunehmen und dazuzulernen, besonders was das Lösen von komplexen Problemen sowie den Umgang mit schwierigen Gefühlen angeht.

Ob mit Scheidung oder ohne: Das Leben bringt zwangsläufig eine Reihe von kleinen und großen Problemen mit sich. Es ist besser, sich diesen mutig zu stellen, anstatt den Kopf in den

Sand zu stecken. Jeder weiß, dass man Muskeln nur durch die anstrengende Arbeit mit Widerständen aufbauen kann. So kann auch eine Scheidung zu einer stärkenden Erfahrung werden, wenn man sich entschlossen Schritt für Schritt durch alle Probleme hindurcharbeitet.

Fangen wir mit den schmerzlichen Gefühlen an.

Die emotionale Seite der Scheidung

Belastende Gefühle

Die Scheidung an sich wäre vielleicht nicht einmal so schlimm. Wenn da nicht die Gefühle wären! Ängste, Enttäuschung, Trauer, Wut, Neid können sehr belastend sein, vor allem wenn sie sehr intensiv und anhaltend auftreten.

Deshalb liegt der Schlüssel zu »zufrieden geschieden« darin, mit solchen Emotionen angemessen umgehen zu können. Gefühle lassen sich sehr gut beeinflussen. Man ist ihnen nicht hilflos ausgeliefert. Diese Erkenntnis ist für viele neu.

Wie Stress entsteht

Lange glaubte man, dass bestimmte Situationen zwangsläufig Stress auslösen: der Tod naher Angehöriger, eine schwere Erkrankung, Arbeitslosigkeit und Ähnliches. Diese Auffassung findet sich noch heute in vielen Büchern und Artikeln zum Thema Stress. Sie ist so fest in unserem Bewusstsein verankert, dass sie selbstverständlich erscheint. In der Sprache spiegelt sich diese Überzeugung ebenfalls wider. Wir sagen: »Diese Beleidigung hat mich tief gekränkt« oder »Dass er/sie mich so hintergangen hat, macht mich immer noch völlig fertig«. Ein Ereignis wie eine Beleidigung oder ein Vertrauensbruch scheint automatisch zu Stress zu führen. Tatsächlich ist es jedoch so, dass Stress nicht von einem bestimmten Vorfall ausgelöst wird, sondern von zwei Bewertungen abhängt.

Blitzschnell wird als Erstes die Frage beantwortet:

Wie gefährlich (schlimm, bedrohlich) ist die Situation?

Dieser gedankliche Vorgang muss einem nicht unbedingt bewusst werden. Im Gegenteil: In den meisten Fällen nimmt man diese erste Bewertung spontan vor. Leider können bei diesem Vorgang bereits erste Fehler auftreten. Die meisten Menschen neigen dazu, Sachverhalte als bedrohlich einzuschätzen, obwohl sie es in Wahrheit überhaupt nicht sind. Man reagiert nicht auf die reinen Tatsachen, sondern auf die eigenen Katastrophenerwartungen, die allein der Fantasie entspringen.

Unabhängig davon, ob man zu Recht oder zu Unrecht annimmt, die eigene Lage sei schlimm, ist man noch nicht gestresst. Dies hängt erst von der Antwort auf eine zweite Frage ab:

Wie wirksam sind meine Möglichkeiten, damit umzugehen?

Erst wenn man glaubt, der Gefahr ohnmächtig gegenüberzustehen, gerät man in Panik. Auch die zweite Bewertung muss einem nicht bewusst werden. Manche Menschen halten sich generell für zu schwach. Sie glauben, herausfordernden Situationen nicht gewachsen zu sein, und geben schon bei kleinen Problemen auf. An dieser Stelle sind also weitere Fehleinschätzungen möglich, die sich ungünstig auf das Erleben der Situation auswirken. Man ist gestresst, ohne dass es – objektiv gesehen – notwendig ist.

Eva Wlodarek gibt in ihrem Buch *Wunscherfüllung für Selbstabholer* ein eindrucksvolles Beispiel für Gelassenheit selbst in einer extremen Situation: Ein Schlangenwärter hält eine der giftigsten Schlangen der Welt, eine King Brown, an ihrem Schwanzende hoch und erklärt völlig entspannt: »Sie hat nicht genug Kraft, um sich hochzuwinden.« Obwohl die Situation also hochgefährlich ist – ein Biss dieser Schlange tötet einen Menschen in drei Sekunden –, bleibt der Schlangenexperte ganz ruhig, weil er die Sache im wahrsten Sinne des Wortes im Griff hat. Er besitzt genug Erfahrung, um die potenzielle Todesgefahr abzuwenden.

Sie sehen, nicht einmal eine Giftschlange löst automatisch Stress aus. (Übertragen Sie diese Metapher bei Bedarf gerne auf Ihren Ex-Ehemann bzw. Ihre Ex-Ehefrau!) Erst wenn eine Situation wirklich bedrohlich ist und einem zusätzlich die Mittel fehlen, damit umzugehen, führt das zu einer emotionalen Überlastung.

Es genügt leider schon, zu *meinen,* etwas sei bedrohlich, und zu *glauben,* damit nicht fertigzuwerden. So kann beispielsweise allein der Anblick einer ungefährlichen Blindschleiche oder einer harmlosen Spinne Stress hervorrufen. In Wirklichkeit ist eine Blindschleiche keine Schlange. Sie ist weder giftig noch blind. Das hindert viele jedoch nicht daran, bei ihrem Anblick einen hohen Puls zu bekommen.

Kein Ereignis ist für sich genommen stressvoll. Grundsätzlich gilt: Wie man denkt, so fühlt man. Auf dieser empirisch vielfach belegten These beruht die Kognitive Verhaltenstherapie, die diesem Buch zugrunde liegt. Bezogen auf eine Scheidung bedeutet dieser Satz, dass die jeweilige Denkweise darüber entscheidet, ob die Trennung schmerzt, und wenn ja, wie sehr. Nicht das Ereignis, sondern erst seine Bewertung zieht Emotionen wie Freude, Gleichmut oder Kränkung nach sich. Nahezu unglaublich, nicht wahr?

Das ABC der Gefühle und des Handelns

In der Schule lernt man das Abc. Es ist die Voraussetzung, um lesen und schreiben zu können. Nach und nach eignet man sich alle 26 Buchstaben an. Es ist erstaunlich, was sich durch die Kombination dieser wenigen Zeichen alles machen lässt. Daraus entstehen Wörter, aus ihnen Sätze, aus den Sätzen ganze Romane.

Das Abc eröffnet einem eine neue Welt, die der Briefe, E-Mails, des Internets, der Gebrauchsanleitungen und Romane. Alles basiert auf wenigen Buchstaben. Wer nicht lesen und schreiben kann, ist in unserer modernen Welt ernsthaft behindert. Zahlreiche Möglichkeiten bleiben diesen Menschen verschlossen.

Genauso verhält es sich mit dem *ABC der Gefühle und des Handelns*. Leider hat man das in der Schule nicht gelernt. Es steht nicht auf dem Lehrplan. Durch die Kombination relativ weniger Gedanken ergeben sich alle möglichen Gefühlsmischungen und Verhaltensweisen. Aus ihnen baut jeder seine eigene Welt. Ganze Schicksale beruhen manchmal auf einem einzigen Gedanken.

Aber lassen Sie uns zunächst klären, was mit dem *ABC der Gefühle und des Handelns* gemeint ist. Sie wissen inzwischen, dass man so fühlt und handelt, wie man denkt. Eigentlich ganz einfach, nur dass einem dies als Kind nicht bewusst ist. Auch als Erwachsener begreift man oft nicht, wie man sein Fühlen und Handeln selbst hervorruft. Stattdessen glaubt man, ausschließlich auf seine Umwelt zu reagieren.

Das *A* steht für die Außenwelt. Manchmal wird es auch als aktivierendes Ereignis bezeichnet, also *A* wie Außenwelt oder aktivierender Reiz. Praktisch gesehen, bedeutet es, dass irgendetwas passiert. Dies hat Folgen, auf Englisch »consequences«. Daher das *C*. Auf Deutsch geht das mit den Buchstaben nicht genauso schön auf. Aber wenn man »Konsequenz« statt »consequence« sagt, hört man den Unterschied nicht. Nur auf dem Papier sieht man ihn.

Die neue Rechtschreibung toleriert heute eine Menge Schreibweisen als richtig. Nehmen wir uns also die Freiheit und schreiben einfach »Consequenz«. Woraus bestehen die Folgen? Vor allem aus Emotionen und Verhalten. Es passiert etwas, und man freut sich oder bekommt Angst, klatscht vor Begeisterung in die Hände oder verkriecht sich im Bett, je nachdem.

Mit diesem *AC* befinden wir uns im Reich des traditionellen, allgemein üblichen Denkens. Fast jeder ist mehr oder weniger davon überzeugt, dass Außenreize Gefühle auslösen. Das dachten sogar die meisten Psychologen und Philosophen lange Zeit. Wissenschaftler postulierten das Reiz-Reaktions-Schema. Darauf waren sie ganz stolz. In zahlreichen Tierexperimenten »bewiesen« sie, dass man das Verhalten von Ratten, Tauben und Mäusen mithilfe bestimmter Reize wie Futter oder Elektroschocks steuern kann.

Inzwischen ist man klüger. Zwar macht sich immer noch ein Teil der PsychologInnen, PhilosophInnen und WissenschaftlerInnen für das AC-Denken stark, aber grundsätzlich hat sich das *ABC der Gefühle* in den letzten Jahrzehnten durchgesetzt.

Übrigens sind nicht einmal alle Tiere Reiz-Reaktions-Automaten. In einem ethisch bedenklichen Experiment hat sich gezeigt, dass deprimierte Hunde nicht mehr bereit sind, Elektroschocks auszuweichen. Sie bleiben einfach liegen. Ihre Erwartung, sich in Sicherheit bringen zu können, wurde so tief erschüttert, dass sie aufgegeben haben. Man nennt dies »erlernte Hilflosigkeit«. Ein Phänomen, das auch Menschen nicht fremd ist. Glücklicherweise lässt sich erlernte Hilflosigkeit wieder verlernen. Auch die deprimierten, pessimistischen Hunde wurden anschließend wieder zu »Optimisten« erzogen.

Das *B* ist also das Neue. Es steht für Bewertung oder im Englischen für »belief« (Glaube, Überzeugung). Dieser kleine Buchstabe ist gleichzeitig das Symbol für eine Revolution in der Psychologie und im Denken der Menschheit. Wir würden nicht zögern, das *ABC der Gefühle* als eine ähnlich bahnbrechende, neue Erkenntnis anzusehen wie Einsteins Formel $E = mc^2$. Die gesamte Tragweite dieses *ABCs* ist noch kaum erfasst.

Das *ABC* hat das *AC* abgelöst. Nicht das äußere Ereignis provoziert ein Gefühl, sondern der Emotion geht eine Bewertung voraus. So ist zu erklären, warum zum Beispiel eine Trennung nicht ein einziges Gefühl, sondern eine ganze Palette an Reaktionen hervorruft. Mal denken Sie optimistisch und fühlen sich gut. Bei anderer Gelegenheit sehen Sie schwarz für Ihre Zukunft mit der Folge, dass Sie deprimiert und niedergeschlagen sind. Ein einziger optimistischer oder pessimistischer Gedanke kann einen Stimmungsumschwung bewirken.

Genau genommen, ist nicht entscheidend, was man denkt, sondern, was man glaubt. Deshalb umschreibt »belief« im Englischen das *B* sogar noch etwas besser als der deutsche Ausdruck »Bewertung«. Es nützt nämlich nichts, sich etwas einreden zu wollen. Positives Denken bleibt oft wirkungslos. Ihre Gefühle ändern sich überhaupt nicht, nur weil Sie sich sagen: »Okay, dann ist also eine Scheidung gar nicht so schlimm.« Solange Sie in Wirklichkeit davon überzeugt sind, also fest daran glauben, dass eine Trennung eine Katastrophe ist, fühlen Sie sich entsprechend schlecht.

Ist Ihnen schon mal aufgefallen, wie verschieden Menschen auf bestimmte Ereignisse reagieren? Erzählen Sie spaßeshalber mal hundert Personen Ihren Lieblingswitz. Die Reaktionen werden sehr unterschiedlich ausfallen. Während einige sich vor Lachen fast in die Hosen machen, gucken andere Sie verständnislos an: »Und was soll daran witzig sein?«

Egal ob es um die Tagespolitik, den neuen Blockbuster im Kino oder um Frisuren geht: Menschen können sich selten darauf einigen, wie die Dinge zu bewerten sind. Die Meinungen gehen weit auseinander und damit auch die Emotionen. Während die einen begeistert sind und sich ihre Haare sofort nach dem neuesten Trend färben lassen, schütteln andere nur verständnislos den Kopf.

Mit dem *ABC* verstehen Sie auch besser, warum Ihre eigenen Reaktionen auf dieselbe Sache so unterschiedlich ausfallen. Warum gefallen Ihnen zum Beispiel Bücher, Filme oder Songs, die Sie früher super fanden, heute nicht mehr? Weil Sie heute anders darüber denken. Ihre Einstellung ist in einigen Punkten nicht mehr dieselbe.

Vom *ABC* gibt es die eine oder andere Ausnahme. Wie könnte es anders sein? Beispielsweise folgen einige Ängste einer anderen Schaltung im Gehirn. Ereignisse, die mit besonders starken Gefühlen verbunden waren, prägen sich besonders ein. Tritt die gleiche Situation erneut auf oder erinnert etwas an sie, werden automatisch die alten Gefühle aktiviert.

Wurde jemand zum Beispiel einmal von einem Hund gebissen, kann der Anblick von Hunden in Zukunft sofort wieder Angst auslösen. Aber nicht nur traumatische Erlebnisse, auch besonders beglückende Gefühle können durch erinnerungsträchtige Auslöser sofort wieder aktiviert werden.

Abgesehen von solchen hochemotionalen Situationen, die automatisch ablaufende Muster ausbilden, werden viele Gefühle bereits in der Kindheit gelernt. Was als traurig, ärgerlich oder erfreulich gilt, vermitteln einem zu einem großen Teil die Familie sowie die Kultur, in der man aufwächst. Davon kann man sich später nur durch eine bewusste, neue Bewertung befreien. Sonst laufen diese erlernten Muster automatisch weiter.

Gewohnheiten im Denken, Fühlen und Handeln baut man auch im Erwachsenenalter noch auf. Sollten Sie beispielsweise im Laufe der Zeit zu der Überzeugung gelangt sein, dass Ihr/-e Ex ein niederträchtiges Subjekt ist, haben Sie damit einen negativen Filter in Ihre Wahrnehmung eingebaut. Ihr/-e Ex kann nun tun und sagen, was er/sie will, Sie legen es ihm/ihr in jedem Fall negativ aus, ohne sich dessen immer bewusst zu sein.

Indem Sie das *ABC der Gefühle und des Handelns* lernen, befreien Sie sich von der scheinbaren Diktatur der Emotionen. Sie erschließen sich damit neue Wahlmöglichkeiten, wie Sie auf die Trennung und alles, was damit zusammenhängt, reagieren wollen.

Zwei große Missverständnisse

Manche missverstehen das *ABC der Gefühle*. Den Grundsatz der Kognitiven Therapie – man fühlt so, wie man denkt – fassen sie als Vorwurf auf. Sie glauben, damit solle ihnen die

Schuld an ihren Ängsten, ihren Depressionen und ihrem Ärger gegeben werden.

Das trifft jedoch nicht zu. Ihr Irrtum beruht darauf, dass Sie Verantwortung mit Schuld verwechseln. In der Tat ist es richtig, dass jeder für sein Denken, Fühlen und Handeln verantwortlich ist. Wir sagten oben bereits, dass man das meiste in dieser Welt nicht kontrollieren kann, angefangen beim Wetter bis hin zur Weltpolitik.

Die Gedanken und die darauf basierenden Gefühle und Handlungen hingegen liegen in der eigenen Macht. Keiner kann hundertprozentig bestimmen, was in der Außenwelt passiert, wohl aber, wie er darauf reagieren will. Die Reaktion ist durch das äußere Ereignis nicht vorherbestimmt. Deshalb ist es unmöglich, genau zu sagen, wie jemand auf ein Geschehen antworten wird. Es hängt von seinen Gedanken ab.

Diese Verantwortung kann man als Last, aber auch als den Schlüssel zur Freiheit sehen. Als Kind hat man diese Unabhängigkeit noch nicht, weder die äußere noch die innere. Ein Kind ist noch nicht in der Lage, selbstständig zu denken. Die Entwicklung dieser Fähigkeit braucht Zeit und Übung. Bis es so weit ist, hält es an der strikten Überzeugung fest, dass Mama und Papa es glücklich oder unglücklich machen können. Kinder glauben ja auch noch an den Weihnachtsmann und den Klapperstorch, wenn es ihnen so gesagt wird.

Daher geben Kinder mit Recht anderen die Schuld, wie sie sich fühlen. Dabei bleibt es, solange man emotional unaufgeklärt ist. Mit dem *ABC der Gefühle* endet jedoch diese Zeit der Unschuld.

Verantwortung bringt stets eine gewisse Last mit sich. Es scheint vielen Menschen einfach bequemer, wenn sich andere um deren leibliches und seelisches Wohlbefinden kümmern müssen. Dabei übersehen sie leicht die enorme Abhängigkeit, die dadurch auf allen Ebenen besteht.

Deshalb streben Kinder vom ersten Tag an nach Freiheit. »Nein« und »Ich kann alleine« werden schnell zu ihrem neuen Schlachtruf. Wenn die Entwicklung glückt und man begreift, dass die Gedanken, Gefühle und Handlungen weitgehend im eigenen Machtbereich liegen, möchte man nie wieder zum ursprünglichen Zustand zurückkehren. Man hat dadurch so viel mehr Möglichkeiten, dass einem das Festhalten an kindlichen Reaktionen absurd erscheint.

Schuld und Verantwortung sind keineswegs gleichzusetzen. Letztere bezeichnet den Zusammenhang von Ursache und Wirkung. Wenn Sie denken, der Partner müsse Sie glücklich machen, werden Sie enttäuscht und verärgert sein, wenn er dies nicht tut. Der Gedanke wird zur Ursache des Gefühls.

Schuld dagegen beinhaltet einen Vorwurf: Sie glauben, jemand hätte etwas unterlassen müssen oder dürfe etwas Bestimmtes nicht tun. Bezogen auf das *ABC der Gefühle* macht das keinen Sinn. Wieso sollte eine Person nicht glauben dürfen, sie könne nichts für ihre Emotionen und ihr Verhalten? Zwar schadet sie sich damit unter Umständen selbst, aber das ist ihre Sache. Niemand muss vernünftig denken, seine Gefühle im Zaum halten oder angemessen handeln. Es wäre zwar wünschenswert, aber es gibt kein Gesetz, das einen dazu verpflichtet.

Ein zweites Missverständnis, das *ABC der Gefühle* betreffend, liegt in der Annahme, Selbstbeherrschung sei schädlich. Man würde dadurch krank oder zu einem gefühlskalten Roboter. Nichts könnte weiter entfernt von der Wirklichkeit sein.

Tatsächlich ist es unkontrollierter Stress, der krank macht. Längst ist erwiesen, dass chronische Gefühlsausbrüche das Risiko von Herzinfarkten erhöhen.

Dass das Herauslassen der Emotionen eine kathartische Wirkung habe, ist ein Mythos. Der Glaube, dass Gefühle abnehmen oder ganz verschwinden, wenn man sie nur äußert, entbehrt jeder rationalen Grundlage. Wäre es anders, dürfte man niemals seine Zuneigung, Liebe und Freundschaft zum Ausdruck bringen; denn sie würde nach dieser Theorie rapide abnehmen. Jeder weiß, dass dies nicht stimmt. Seine Liebe zu zeigen verstärkt diese. Genauso ist es bei Ärger. Er nimmt nicht automatisch ab, nur weil man das Geschirr gegen die Wand wirft.

Sie brauchen nicht zu befürchten, Ihre Gefühle zu verlieren, wenn Sie sich in Selbstbeherrschung üben. Das Gegenteil ist der Fall. Viele wagen es nicht, sich ihre Emotionen bewusst zu machen, weil sie Angst haben, sie könnten sie dann nicht mehr kontrollieren. Erst wenn man weiß, dass man jederzeit dazu in der Lage ist, kann man es sich leisten, alle Emotionen, egal wie stark sie sind, zu fühlen.

Das *ABC der Gefühle* führt Sie zu einer Befreiung von emotionaler Abhängigkeit und unbeherrschten Gefühlsausbrüchen.

Eine Periode des Übergangs

Jeder hat Erfahrung mit Veränderungen. Mal sind sie willkommen, zum Beispiel wenn man eine lang ersehnte Reise antritt, mal unerwünscht wie bei einer Trennung. Woran liegt das?

Wie Sie nun wissen, sind nicht die Ereignisse an sich dafür entscheidend, ob man sich auf eine Veränderung freut oder ihr ablehnend gegenübersteht. Vielmehr entscheiden die Gedanken darüber, insbesondere die Erwartungen an die Zukunft.

Bei einer Reise hat man sich den Ort, die Unterkunft und die Möglichkeiten, die damit verbunden sind, ausgesucht. Vielleicht hatte man schon Gelegenheit, ähnliche Arrangements zu buchen. In dem Fall weiß man, ob man das Meer oder die Berge, die Kultur oder den Sport, die Sonne oder die Frische mag. Aber selbst wenn nicht, ist man gespannt, was einen im Urlaub erwartet. Man erhofft sich jedenfalls das Beste.

Anders ist es bei Veränderungen, die man sich nicht ausgesucht hat, wie Kündigungen, Unfälle oder eben das Ende einer Beziehung. Erstens kommen diese mitunter überraschend, und zweitens verbinden die meisten damit keine positiven Erwartungen. Im Gegenteil. Sie sehen der Zukunft mit mulmigen Gefühlen entgegen.

Wie ist es bei Ihnen? Welche Einstellung haben Sie zu Veränderungen? Erwarten Sie eher das Gute, das Schlechte oder eine Mischung aus beidem?

Manche lehnen Neues grundsätzlich eher ab. Andere sind offen für andere Erfahrungen als die, die sie bisher gemacht haben. Um beim Urlaub zu bleiben: Daraus, dass jemand Tausende Kilometer bis zu seinem Urlaubsort fliegt, kann man nicht automatisch schließen, dass derjenige ein Abenteuer sucht. Sonne, Swimmingpool, komfortable Unterkünfte, bequeme Betten und eine leckere Salatbar: Das sind relativ austauschbare Elemente vieler Ferienresorts. Sie unterscheiden sich ungefähr so wie ein McDonald's in Amsterdam von einem in Paris.

Will man, dass alles genau so ist wie gewohnt, nur anders, ist man für Neues nicht wirklich aufgeschlossen. Leider oder Gott sei Dank lässt einen das Leben nicht in Ruhe. Jeder muss sich früher oder später mit Reisen ins Ungewisse auseinandersetzen. Daher lohnt es sich, eine Einstellung dazu zu entwickeln, die es erlaubt, dem Neuen zumindest eine Chance zu geben.

Die Zukunft ist offen. Daher sollten Sie es vermeiden, voreilige Schlüsse zu ziehen. Ja, vielleicht wird Ihnen einiges nicht gefallen. Aber könnte es nicht sein, dass anderes sich als überraschend gut herausstellt? Dass es wider Erwarten viel besser wird als gedacht?

Psychologen haben dafür den Ausdruck »positive Katastrophe« gefunden. Bei einer Trennung hieße das beispielsweise, dass Sie eine Woche nach dem Scheidungstermin Ihren Traummann treffen, seine und Ihre beiden Kinder sich super verstehen, der Umzug in eine neue gemeinsame Wohnung Sie in eine Umgebung katapultiert, die Sie mehr als alles lieben, was Sie bisher gekannt haben, dass Sie die Chance bekommen, Ihren Beruf zu wechseln und dadurch Erfüllung bei Ihrer Arbeit zu finden, und das bei einem höheren Einkommen.

Unterschätzen Sie die hier geschilderten Veränderungen nicht. Sie sind zwar positiv, aber sie stellen trotzdem so vieles auf den Kopf, dass Sie mit erheblichen Anpassungsschwierigkeiten rechnen müssten.

Normalerweise bewegen sich Übergänge zwischen negativen und positiven Katastrophen. Wir möchten mit dem extrem positiven Beispiel nur erreichen, dass Sie Ihre negativen Katastrophenerwartungen aufgeben (so Sie denn welche hegen) und es wagen, sich innerlich dem Neuen, das auf Sie zukommt, stärker zu öffnen.

Perioden des Übergangs bedeuten, mit einer Menge gemischter Gefühle konfrontiert zu werden.

Gemischte Gefühle

Da in erster Linie die Gedanken die Emotionen hervorrufen, ist es kein Wunder, dass man nach einer Trennung die verschiedensten Gefühle erlebt. Es gehen einem alle möglichen Szenarien durch den Kopf. So kann es nicht ausbleiben, dass das Gefühlsleben in dieser Phase scheinbar verrücktspielt.

Schauen wir uns einmal im Zeitraffer an, was sich da so alles abspielen kann:

»Warum hat er/sie mir das angetan?«
Dazugehöriges Gefühl: Verzweiflung

»Wie soll es jetzt weitergehen?«
Verzweiflung, Ratlosigkeit

»Und das Bescheuerte ist: Ich vermisse ihn/sie auch noch!«
Trauer, Liebeskummer

»Wird mein Geld in Zukunft reichen? Wovon soll ich leben?«
Angst

»Ach, es wird schon irgendwie weitergehen!«
Hoffnung

»Dieser Schuft/diese Schlampe! Das verzeihe ich ihm/ihr nie!«
Wut

»Ich bin nicht (mehr) schön, jung, attraktiv genug.«
Niedergeschlagenheit, Depression

»Es ist vorbei. Dieser Schmerz sitzt so tief. Das wird nie wieder gut.«
Verstärkung der Depression, zugleich Angst

»Die Kinder sind ihm/ihr offenbar völlig egal.«
Ärger

»Er/Sie macht sich jetzt ein schönes Leben. Und ich sitze da: mit gar nichts.«
Wut, Bitterkeit, Trauer, Angst

»Egal, ich schaue nach vorne. Ich habe schon andere Krisen überstanden.«
Zuversicht, aufkeimende Freude, Stolz

»Meine Eltern und meine FreundInnen stehen zu mir.«
Zufriedenheit, Freude

»Und wenn ich trotzdem nicht die Kraft habe, das durchzustehen?«

Angst

Sie sehen: Analog zu den verschiedenen Überlegungen, die man in dieser Situation anstellt, schwanken die Gefühle hin und her. Alles ist dabei: Wut, Trauer, Depression, Angst, Freude, Gelassenheit, Liebe.

Das ist normal. Die Gedanken gehen in die Zukunft. Was wird geschehen? Je nachdem, ob jemand mehr zu Pessimismus oder Optimismus neigt, empfindet er stärker Sorge oder Zuversicht. Typisch ist jedoch, dass man beides erlebt: sowohl Zukunftsangst als auch Hoffnung.

Auch das Verhältnis zum Ex-Partner ist in dieser Phase (oder auch später noch) ambivalent. Mal steht der Verlust im Vordergrund mit der Folge, dass man Trauer, Kummer und Leid spürt. Dann überwiegen wieder Vorstellungen, dass man mit so einer Person nichts mehr zu tun haben will, und dazu begleiten einen Emotionen wie Zorn, Verbitterung, Empörung oder Groll.

Die gemischten Gefühle können schnell vorübergehen oder längere Zeit anhalten. Es ist jedoch nicht die Zeit allein, die hier Wunden heilt. Sie können sehr viel dazu beitragen, beispielsweise dadurch, dass Sie die Gedanken nicht zu sehr in die Vergangenheit oder Zukunft abschweifen lassen, sondern sich auf das Hier und Jetzt konzentrieren. Es ist leichter, den gegenwärtigen Moment zu bewältigen als die wilden Fantasien über die kommenden Jahre.

Über den Trennungsschmerz hinaus

Uns ist beim Schreiben dieses Buchs bewusst, dass Trennungen für die meisten sehr schmerzhaft sind. Etwas anderes zu behaupten ginge an der Realität vorbei. Dabei spielt es keine Rolle, ob der Partner derjenige war, der gegangen ist, oder ob man selbst die Trennung herbeigeführt hat. Der Unterschied liegt eigentlich nur im Überraschungsmoment.

Aber nicht einmal dies lässt sich mit Bestimmtheit sagen. Wer hat sich als Erster abgewandt? Von außen betrachtet, ist es wohl der, der eine Nebenbeziehung eingegangen ist oder einfach wieder frei sein wollte. Bei genauerem Hinsehen können sich die Dinge jedoch anders darstellen. In einigen Fällen könnte der »Verlassene« derjenige gewesen sein, der sich innerlich zuerst getrennt hat. Das typische Beispiel wäre der Ehemann, der zunehmend in seinem Beruf aufgeht und dann aus allen Wolken fällt, wenn seine Frau erklärt, dass sie die Scheidung möchte.

Auch ist die Person, die bereits eine neue Beziehung eingegangen ist, angesichts der Scheidung nicht unbedingt zu hundert Prozent glücklich. Schuldgefühle können sie plagen, besonders wenn der/die Ex sehr leidet oder die Kinder nun den Vater/die Mutter vermissen. Sie muss sich oft ebenfalls umstellen, was Wohnort, Freunde, Einkommen und so weiter angeht. Das wird häufig vergessen.

Trotz der Feststellung, dass Trennungen typischerweise wehtun, wollen wir nicht behaupten, dass sie schmerzhaft sein *müssen*. Damit würde man die Realität der (kleineren) Gruppe der Paare leugnen, die in gutem Einvernehmen und ohne Trennungsschmerz oder Liebeskummer auseinandergehen.

Was ist bei diesen Paaren anders? Einige haben den Trennungsschmerz bereits erlebt, lange bevor sie sich scheiden lassen. Das ist in etwa vergleichbar mit der lebensgefährlichen Erkrankung eines Partners, wo die Einsicht und der Schmerz, dass die Beziehung in einigen Monaten oder Jahren enden wird, bereits vorher einsetzt und der tatsächliche Tod dann relativ gefasst ertragen wird.

Anderen ist einfach klar geworden, dass sie beim besten Willen nicht zusammenpassen. Sie haben es versucht und es hat nicht geklappt. Im Grunde genommen sind sie froh, dass sie es rechtzeitig gemerkt haben und jeder wieder seinen eigenen Weg gehen kann.

Dann sind da noch die Menschen, die nicht aus Liebe geheiratet haben. Dazu zählen die Beziehungen, die ein Partner eingeht, um seine Homosexualität zu kaschieren oder einem ausländischen Flüchtling das Aufenthaltsrecht zu ermöglichen. Manche Paare haben sich aus wirtschaftlichen Gründen zusammengeschlossen, oder sie lassen sich aus ebendiesen Gründen scheiden, um bei einer Insolvenz Vermögenswerte zu retten und in Zukunft »getrennt« zusammenzuleben.

Echte Zwangsehen sind in Deutschland die Ausnahme. Dennoch gibt es auch bei uns Paare, die dem Druck ihrer Eltern ausgesetzt waren. Früher kam dies häufiger vor, vor allem um zu vermeiden, dass die schwangere Frau ledig blieb und das Kind unehelich geboren wurde. Diese Paare trennen sich, sobald der Druck aufgehoben ist.

Der Trennungsschmerz ist in jedem Fall geringer, wenn man dem Konzept folgt, das wir in diesem Buch vorschlagen. Eine gewisse Trauer oder Irritation mag auftreten, vielleicht auch die eine oder andere Sorge. Jedoch gehen Panik, Verzweiflung oder Wutausbrüche damit nicht einher.

Was in Erörterungen von Scheidungen und ihren Folgen regelmäßig zu kurz kommt, ist die Tatsache, dass es neben dem Trennungsschmerz, egal wie gering oder groß er ist, ein normales Leben gibt oder jedenfalls geben könnte.

Es ist okay, über negative Dinge nachzudenken. Aber nicht die ganze Zeit. Es ist normal, sich schlecht zu fühlen. Aber nicht die ganze Zeit. Die Scheidung kann vorübergehend das Leben beherrschen. Aber dann ist es genug.

Es ist wichtig, neben dem Trennungsschmerz ein möglichst normales Leben weiterzuführen. »Ganz in den Schmerz hineinzugehen« ist nicht ratsam. Anders als der Mythos besagt, verschwinden die Probleme dadurch nicht, sondern nehmen zu. Der Ausdruck der Gefühle ist, wie bereits gesagt, nicht automatisch deren Ende. Er kann sie auch verstärken oder fortdauern lassen.

Was ist mit dem normalen Leben neben dem Trennungsschmerz gemeint? Es geht um so einfache Dinge, wie dafür zu sorgen, dass Sie genug Ruhe und Schlaf bekommen – falls Sie mal eine Nacht nicht schlafen können, macht das aber auch nichts –, dass Sie regelmäßig essen und trinken und sich ausreichend bewegen. Dies sind alles Dinge, die die Gesundheit fördern und die jeder sowieso tun sollte.

Leider vernachlässigen einige diese Grundlagen, wenn sie gestresst sind. Sie essen dann zu viel oder zu wenig, gehen nicht mehr spazieren bzw. treiben keinen Sport mehr und wälzen im Kopf immer wieder dieselben Probleme, statt abzuschalten und zu schlafen.

Was noch macht dieses »normale Leben« aus? Zum Beispiel die Familie und Freunde zu treffen, ins Kino und zum Friseur zu gehen, einen Roman zu lesen, lange Spaziergänge mit dem

Hund zu unternehmen, mit den Katzen zu spielen, aber natürlich auch den Beruf weiter auszuüben und die Kinder zu betreuen. Gerade vom Beruf und den Kindern sagen viele, dass sie ihnen geholfen hätten, über die Trennung hinwegzukommen.

Das liegt daran, dass die Arbeit, die Kinder, aber auch der Hund uns »zwingen«, relativ normal weiterzumachen, also einzukaufen, zu kochen und die Aufgaben im Beruf zu erledigen. Das lenkt ab. Ablenkung steht zu Unrecht in einem schlechten Ruf. Es wird, geleitet von einseitigen psychologischen Theorien, so getan, als wolle man sich vor den Problemen drücken. Aber das ist hier nicht gemeint.

Vielmehr geht es um die Aufrechterhaltung der Lebensrhythmen und die Beibehaltung der alltäglichen Rituale. Sie geben dem Körper und der Seele die notwendige Stabilität, gerade auch in Krisenzeiten. Deshalb gilt es, sie zu pflegen, statt sie zu vernachlässigen.

Das normale Leben weiterzuführen kann in der akuten Phase der Trennung anstrengender sein als sonst. Dann gilt es, sich mehr Erholung zu gönnen. Aber grundsätzlich ist es wichtig, die genannten Dinge fortzusetzen, auch wenn es schwerfällt. Die Trennungsphase kann sogar eine Gelegenheit sein, sich in einem Sportverein oder zu einem Tanzkurs anzumelden.

Außerdem geht es darum, sich um die praktische Seite der Scheidung zu kümmern. Darauf kommen wir noch ausführlich zu sprechen. Die Emotionen sind nur ein Teil des Lebens. Man sollte sie beachten, ihre Botschaften verstehen, sie akzeptieren und, soweit angemessen, auch zum Ausdruck bringen. Das Leben aber ausschließlich von ihnen bestimmen zu lassen wäre keine gute Strategie.

Kraftquellen

Bevor jemand eine Scheidung erlebt, hat er oder sie bereits eine Menge anderer Krisen durchgestanden. Woher wir das wissen? Weil das Leben von Anfang an nicht nur aus schönen Zeiten besteht. Im Grunde genommen ist schon die Geburt eine Qual. Sich durch einen engen Geburtskanal zwängen zu müssen oder mittels eines Kaiserschnitts aus dem Bauch der Mutter geholt zu werden ist alles andere als ein Vergnügen. Aber wir alle haben es überstanden, kurz Luft geholt, meistens gebrüllt, und damit waren wir auf der Welt.

Damit sind die Probleme nicht vorbei, sondern sie fangen eigentlich erst richtig an. Sprechen und laufen lernen, das sind langwierige, mühsame Prozesse, an die man sich allerdings nicht mehr erinnern kann. Krankheiten, Todesfälle in der Familie, Schwierigkeiten in der Schule, die Unsicherheiten während der Pubertät, zerbrochene Freundschaften, misslungene Prüfungen, Arbeitslosigkeit, Schulden und so weiter und so fort: Das alles sind Ereignisse, die im Laufe der Zeit passieren können und mit denen sich dann jeder Mensch auseinandersetzen muss.

Dabei entwickelt man, ohne sich dessen immer bewusst zu sein, erhebliche Widerstandskräfte. Bestimmte Krankheiten bekommt man nur einmal. Danach ist man gegen sie immun. Man lernt mit den Widrigkeiten des Lebens umzugehen, auch wenn man am Anfang glaubt, die Welt würde untergehen. Je öfter man erlebt, dass sie sich weiterdreht und man in der Lage ist, sich von Schwierigkeiten aller Art zu erholen, desto stärker wird das Selbstvertrauen, es beim nächsten auch wieder zu schaffen.

Leider bedeutet dies nicht, dass schwere Zeiten dadurch automatisch angenehm werden. Die Mühe, sich aus dem Schlamassel erneut herauszuarbeiten, bleibt niemandem erspart. Trotzdem hilft es, sich daran zu erinnern, schon andere schwierige Situationen bewältigt zu haben.

Welche Krisen haben Sie in Ihrem Leben bereits gemeistert? Mit Krisen sind alle Geschehnisse gemeint, die sehr unangenehm bzw. schmerzhaft waren und die längere Zeit anhielten.

- Was hat Ihnen in solchen Krisenzeiten geholfen?
- Was hat Ihnen Kraft gegeben, die Belastungen zu ertragen?
- Wie haben Sie es geschafft, diese schweren Zeiten zu überstehen?

Manche suchen die Nähe zu engen FreundInnen. Sie reden mit ihnen über ihre Probleme und lassen sich von ihnen auf andere Gedanken bringen. Andere finden Trost und Kraft durch bestimmte Bücher, die sie lesen. Einige stützen sich auf ihren religiösen Glauben. Sie bauen sich durch Gebete, durch die Zwiesprache mit Gott wieder auf.

Kraft im buchstäblichen Sinn lässt sich auch durch ein körperliches Training entwickeln. Körper, Geist und Seele bilden eine Einheit. Deshalb vermittelt Muskelstärke zugleich eine größere innere Kraft.

Spaziergänge oder Wanderungen in der Natur können helfen, neue Energie zu schöpfen. Der Aufenthalt in besonders schönen Umgebungen und Räumen erfüllt denselben Zweck.

Dies sind nur einige wenige Beispiele. Jeder hat seine eigenen Kraftquellen. Wie sehen Ihre aus? Wie können Sie diese gezielt nutzen?

Nehmen Sie sich die Zeit, über diese Fragen nachzudenken. Probieren Sie aus, was Ihnen einfällt.

Gute Vorbilder

Kaum etwas anderes ist so überzeugend wie gute Vorbilder. Menschen lernen am besten, indem sie nachahmen. Dabei spielt es zunächst einmal keine Rolle, ob das Vorbild gut oder schlecht ist.

Wir haben den Eindruck, dass in Bezug auf Scheidungen die ungünstigen Beispiele im Vordergrund stehen. Rosenkriege und andere dramatische Beziehungsprobleme füllen die Klatschgazetten. Sie sind auch Gegenstand von Tragödien à la *Othello* oder *Romeo und Julia*.

Ein Film wie *Der Rosenkrieg* aus dem Jahr 1989 findet nicht nur vier Millionen ZuschauerInnen allein in Deutschland, sondern geht sogar als Redewendung für konfliktreiche Scheidungen in die Alltagssprache ein. Darüber hinaus prägen solche *Szenen einer Ehe* (Ingmar Bergman, 1973) das Bild von ehelichen Auseinandersetzungen.

Da kann ein Paar, das seine Angelegenheiten bei der Trennung ganz unaufgeregt regelt, bei einigen schon mal als unnormal gelten. »Die haben sich wahrscheinlich nie richtig geliebt«, sagen dann einige, als sei ein Trauerspiel der Maßstab für eine zu Ende gehende, echte Liebesbeziehung.

Machen Sie da einfach nicht mit. Anders als Scheidungsdramen im Theater und im Film enden viele Ehen mehr oder weniger gütlich. Aus diesen ragen noch einmal die Paare heraus, die es wirklich schaffen, bei der Trennung freundschaftlich miteinander umzugehen. Selbst wenn nur einer der beiden Partner entspannt bleibt, wirkt sich dies sehr positiv auf das Geschehen aus.

Im Grunde genommen, sollten solche vorbildlichen Scheidungen auf Film oder Video festgehalten werden, damit andere eine Idee davon bekommen, wie eine Trennung auf eine nachahmenswerte Art ablaufen kann.

Tatsächlich finden sich gelegentlich Reportagen in Zeitschriften oder im Fernsehen, die ein beispielhaftes Verhalten von Geschiedenen zeigen. Es gibt eben nicht nur die perfekte Ehe, sondern auch die perfekte Scheidung.

Um eine Vorstellung davon zu bekommen, sind die entsprechenden Bücher und Filme sehr hilfreich. *Glückliche Scheidungskinder* räumt beispielsweise mit dem Mythos der zerstörten Kindheit auf. Der französische Regisseur Eric Rohmer hat sich in der Mehrzahl seiner Filme mit dem romantischen Spiel von Anziehung und Abstoßung beschäftigt. Seine Filme haben nicht unbedingt ein Happy End, geben den ZuschauerInnen aber trotzdem ein gutes Gefühl bzw. die Hoffnung, dass Trennungen nicht für die Ewigkeit sind. Sie gehören einfach zum Beziehungsreigen dazu.

Zwischen allen Stühlen (Originaltitel *Cherchez Hortense*) mit den wundervollen Schauspielern Jean-Pierre Bacri und Kristin Scott Thomas würden wir ebenfalls zu den Filmen zählen, die auf eher ruhige Art von Paaren erzählen, die sich auseinandergelebt haben. In solchen Geschichten bleibt das Ende offen, so wie im richtigen Leben; denn eine Trennung ist letztlich nur eine Momentaufnahme und zum Glück nicht so endgültig wie im *Rosenkrieg*.

Vielleicht kennen Sie in Ihrem Freundes- oder Bekanntenkreis ein Paar, das sich einvernehmlich getrennt hat ohne großen Streit oder anhaltende Verbitterung. Diese Vorbilder existieren. Wenn Sie die Augen offen halten und danach suchen, werden Sie sie finden.

Die Scheidung innerlich bewältigen

Die innere Einstellung verändern

Wenn jemand übermäßig unter einer Scheidung leidet, gilt es, eine neue Einstellung zu finden. In der Kognitiven Verhaltenstherapie hat man rund ein Dutzend typische Denkfehler identifiziert, mit denen sich Menschen das Leben schwer machen. Diese Verzerrungen der Realität lassen sich korrigieren. Dann wird eine Scheidung erträglich.

Pessimismus/Optimismus sowie negative/positive Erwartungen sind weitere Größen, die beeinflussbar sind – wenn man weiß, wie. Dieses Know-how lernen Sie als Nächstes kennen. Außerdem geht es an dieser Stelle um die Voraussetzungen echter Gelassenheit. Entspannungsverfahren und Meditation sind ausgezeichnete Möglichkeiten, das innere Erleben positiv zu verändern.

Mit den Gefühlen umgehen lernen

Viele glauben, dass man seine Gefühle überhaupt nicht oder nur schwer beherrschen kann. Trotzdem schaffen es die meisten wenigstens so einigermaßen. Sie gehen zur Arbeit, auch wenn sie eigentlich keine Lust haben. Sie melden sich zur Prüfung an, obwohl sie mit einem bangen Gefühl daran denken. Der Nachbar treibt sie mit seinem ständigen Lärm zur Weißglut, aber sie bringen ihn trotzdem nicht um.

So weit, so gut. Der Nachteil dieser mühsamen Selbstbeherrschung ist jedoch, dass sie mit viel Stress verbunden ist. Eigentlich werden dabei nämlich nicht die Gefühle beherrscht, sondern das Verhalten. Beispiel Prüfung: Es gelingt einem nicht, die Angst davor abzulegen. Das Gefühl selbst, also die Angst, scheint unbeeinflussbar. Man glaubt, dass es in der Natur der Sache liege, dass Prüfungen Angst machen. Nur das Verhalten habe man, meistens jedenfalls, im Griff. Man tritt am Prüfungstag vor die Kommission und stellt sich den Fragen, trotz der Ängste bzw. mit ihnen. Wer jedoch auch sein Verhalten nicht geregelt kriegt, bleibt gleich ganz daheim.

Wäre es nicht weitaus besser, erst gar keine Angst vor der Prüfung zu bekommen? Geht das überhaupt? Ja, es gibt Menschen, die kein Lampenfieber entwickeln. Im Gegenteil: Sie freuen sich sogar auf den Wettkampf, weil sie ihre Stärke unter Beweis stellen wollen und sich gute Chancen auf einen der vorderen Plätze ausrechnen. Aber man muss kein Weltmeister werden, um die Angst vor Prüfungen zu verlieren. Auch unter denjenigen, die einer Niederlage entgegensehen, sind regelmäßig welche, die völlig entspannt bleiben. Sie betrachten Misserfolge nicht als das Ende der Welt.

In gewisser Weise ist eine Scheidung auch eine Prüfung. Ob es einem gefällt oder nicht: Das Leben stellt einem Aufgaben. Es fordert einen heraus. Bei Trennungen will es wissen: Hast du dich gut vorbereitet oder warst du so naiv zu denken, das könne dir nie passieren? Hast du schon gelernt, mit Stress zurechtzukommen? (Sonst stecke ich dich jetzt in einen entsprechenden Crashkurs.) Wie viel Widerstandskraft besitzt du? Reicht das, was du hast, oder brauchst du noch mehr davon?

Wenn Sie diese Prüfung bestehen, können Sie andere gelassen auf sich zukommen lassen; denn die Stressresistenz wird Ihnen überall helfen. Nutzen Sie die Gelegenheit, sie zu erwerben. Falls Sie sich diesmal durchmogeln, bekommen Sie bei der nächsten Prüfung die Quittung dafür.

Bücher über Stress füllen ganze Bibliotheken. Die Literatur dazu ist kaum noch überschaubar. Tausende Studien wurden durchgeführt. Zahllose Theorien entwickelt. Tipps zur Stressbewältigung gibt es wie Sand am Meer, von »Jetzt brauch ich erst mal einen Schnaps« über Familienaufstellungen bis hin zu Geisterbeschwörungen. Leider hilft das meiste mehr schlecht als recht.

Zu den wenigen Verfahren, die sich in Tests als wirksam erwiesen haben, zählt die Kognitive Verhaltenstherapie. Mit ihr ist man in der Lage, seine Gefühle zu regulieren und damit auch den Stress; denn was ist Stress anderes als das Gefühl, überfordert zu sein? Ohne die Ängste erlebt man Prüfungen stressfrei. Ohne den Sturm intensiver Gefühle wie Angst, Depression, Wut, Trauer, Neid und Eifersucht würde einem die Scheidung nichts ausmachen. Deshalb lassen wir alle anderen Aspekte von Stress hier beiseite und konzentrieren uns auf die Bewältigung der Emotionen.

Die Grundsätze der Kognitiven Verhaltenstherapie, die jeder anwenden kann, ohne ein klinischer Fall zu sein, sind sehr einfach. Das täuscht darüber hinweg, wie schwierig es sein kann, sie konsequent zu gebrauchen. Den wichtigsten Grundsatz kennen Sie bereits: Man fühlt und handelt so, wie man denkt. Daraus folgt: Denkt man irrational, entstehen belastende Gefühle. Je unvernünftiger man denkt, desto intensiver sind die unliebsamen Gefühle. Stellt man rationale Überlegungen an, bleiben die Gefühle erträglich. Je rationaler man denkt, desto besser fühlt man sich – auch in schwierigen Situationen.

Das innere Selbstgespräch entscheidet, wie Sie sich fühlen. Reden Sie sich von morgens bis abends ein, dass eine Scheidung furchtbar sei, der Partner sich als das übelste Subjekt der Welt herausgestellt habe und daher schwer bestraft gehöre, dass Sie nie, nie, nie über das hinwegkommen werden, was Ihnen angetan worden sei, und keiner Sie in Ihrem Schmerz wirklich verstehen könne, dann kann es gar nicht anders sein, als dass Sie stark leiden. Wer solche Gedanken glaubt und sich dabei wohlfühlt, wäre verrückt.

Umgekehrt ist es ausgeschlossen, dass Sie sich übermäßig schlecht fühlen, wenn Sie davon überzeugt sind, dass Sie mit allem zurechtkommen werden, egal was passiert, dass nach einer Phase des Übergangs wieder bessere Zeiten anbrechen, dass die Ex-Partnerin Sie nicht daran hindern kann, glücklich zu sein, und dass die Kinder ebenso wie Sie selbst robust genug sind, aus der Trennung gestärkt hervorzugehen.

Der erste Schritt, den Umgang mit den Gefühlen zu lernen, besteht darin, sich das innere Selbstgespräch bewusst zu machen. Sonst ist es unmöglich, es zu ändern.

Erschrecken Sie bitte nicht über die Fülle irrationaler Gedanken, die Ihnen durch den Kopf gehen. Diese sind schon lange da. Sie haben sie nur nicht bemerkt. Es ist so, als wären Sie bisher durch Ihren Garten gegangen, ohne achtzugeben, wie es darin aussieht, und jetzt, wo Sie zum ersten Mal genau hinsehen, müssen Sie feststellen, wie viel Unkraut darin wuchert, so viel, dass von den schönen bunten Blumen kaum noch etwas durchscheint.

Indem Sie sich bewusst machen, was Sie denken, kommen Sie an den Punkt, an dem Sie irrationale und rationale Gedanken unterscheiden lernen; denn natürlich wollen Sie nicht die hübschen Blumen ausreißen, sondern nur das Unkraut.

Woran erkennen Sie, dass ein Gedanke vernünftig ist? Er hilft Ihnen,

- sich gut zu fühlen,
- ein konstruktives Leben zu führen,
- gesund zu bleiben oder wieder zu werden und
- Ihre wichtigsten Beziehungen zu fördern.

Irrationale Gedanken schaden
- Ihrer Gesundheit,
- Ihren Beziehungen,
- Ihrem Glück und
- einem konstruktiven, guten Leben.

Messen Sie Ihre Gedanken an diesen Kriterien. Ein Beispiel: Sie denken: »Diese Scheidung ist furchtbar. Ich halte das nicht mehr lange aus.« Sie fühlen sich schlecht, sind unglücklich, bekommen Kopfschmerzen, ziehen sich von Ihren FreundInnen zurück und vernachlässigen Ihren Beruf sowie Ihren Haushalt. Kein Zweifel: Diese Gedanken sind unvernünftig.

Mit der Zeit werden Sie immer schneller erkennen, ob Ihre Gedanken Ihnen guttun oder nicht. Ändern Sie Ihre schädlichen Überlegungen. Am einfachsten geht das, indem Sie das Gegenteil denken. Zum Beispiel: »Diese Scheidung ist unerfreulich, aber ich kann das aushalten.« Manchmal passt das Gegenteil nicht, und Sie müssen länger suchen, bis Sie einen Wohlfühlgedanken finden, vielleicht: »Diese Scheidung macht mir wirklich schwer zu schaffen, aber ich gebe nicht auf.«

Noch nicht ganz überzeugt? Dann lassen Sie uns die möglichen Einwände diskutieren.

Befürchtungen und Einwände

Über zwei Vorurteile gegen das *ABC der Gefühle* haben wir schon gesprochen. Nein, man verliert nicht die Fähigkeit, emotional zu sein. Und es ist kein Vorwurf damit verbunden, wenn man sich selbst schlechte Laune macht.

Das *ABC der Gefühle* hat allerdings einen gravierenden Nachteil, jedenfalls mag es Ihnen im ersten Moment so vorkommen: Sie können *andere* nicht mehr beschuldigen, dass *sie* schuld daran seien, wie es Ihnen geht.

Im Englischen gibt es ein Sprichwort: »Sticks and stones may break my bones, but words don't bother me.« Das heißt, Stock und Stein, das bricht mein Bein, aber Worte kratzen mich nicht. Eine andere Version sagt: »But names/words will never harm/hurt me.« Aber Worte/Schimpfworte verletzen mich nicht.

Dass man üblicherweise glaubt, Worte könnten einen verletzen, beruht auf einer Verwechslung der physischen mit der psychischen Welt. Darauf weist das Sprichwort hin. Stock und Stein können jemanden verletzen. Sie können dem Körper wehtun. Anders bei Worten. Sie sind prinzipiell nicht in der Lage, zu verletzen oder wehzutun. Das ist eine Folge des *ABCs der Gefühle*.

A (Ausgangssituation) führt nicht zu *C* (Konsequenz). Schimpfworte an sich lösen keinen Ärger aus. *B* (Bewertung) führt zu *C* (Konsequenz). Erst ein Gedanke, wie zum Beispiel »Wie kann der es wagen, so etwas zu mir zu sagen!«, führt zu Ärger. *D* kann auf *B* einwirken. *D* steht für (innere) Diskussion. Dabei stellt man infrage, ob diese Bewertung einem tatsächlich weiterhilft. Will man sich wirklich über die Worte des anderen ärgern? *E* kann *B* ersetzen. *E bedeutet effektiver neuer Gedanke,* zum Beispiel: »Lisa/Jakob ist schlecht gelaunt. Was er sagt, muss ich nicht ernst nehmen.«

Noch einmal: *A* führt nicht zu *C.* Erst *B* führt zu *C. D* kann auf *B* einwirken. *E* kann *B* ersetzen. Ergebnis: kein Ärger!

Worte können Sie nicht verletzen! Andere haben keine Kontrolle über Ihre Gefühle! Und deshalb ist der Vorwurf, jemand würde Sie unglücklich machen, gegenstandslos.

Wie reagieren Sie auf das *ABC der Gefühle?* Provoziert es Sie? Löst es Freude in Ihnen aus? Deprimiert es Sie? Beruhigt das *ABC* Sie? Löst es Ängste in Ihnen aus? Vorsicht, das sind Fangfragen. Ein Prinzip wie das *ABC der Gefühle* kann keine Emotionen in Ihnen wecken. Das können nur Sie selbst, indem Sie es so oder so beurteilen.

Wir wissen aus unseren Seminaren, dass Menschen unterschiedlich auf neue Informationen reagieren. Einige sind aufgeschlossen oder spontan begeistert. Andere bleiben skeptisch oder lehnen diese Argumente strikt ab.

Wir möchten uns nicht auf eine Diskussion einlassen, ob die Grundsätze der Kognitiven Verhaltenstherapie richtig sind (aus unserer Sicht, ja) oder ob sie ausreichend bewiesen sind (wir meinen, ja). Wir stellen nur fest, dass wir viel ausgeglichener sind, seit wir das *ABC der Gefühle* kennen, und dass alle, die bereit sind, dieses System zu lernen, dieselbe Erfahrung machen. Sie kommen mit ihren Emotionen wesentlich besser zurecht.

Heißt das, dass man nie wieder jammern, schreien, ausrasten, schimpfen oder heulen darf? Überhaupt nicht. Fast jeder hat mal schlechte Tage oder Momente. Manchmal ist man so müde, in seine Gefühle verstrickt oder von Schmerzen abgelenkt, dass man es nicht schafft, rational zu denken. Aber das sind die Ausnahmen. Damit kommen wir zum nächsten Punkt. Ist es nicht zu schwer, in Situationen, wo es hoch hergeht, einen vernünftigen Gedanken zu fassen? Nein, die meisten wissen sofort, was sinnvoll wäre. Sie brauchen sich nur zu fragen: Was würde ein kluger Mensch an meiner Stelle jetzt tun?

Stellen Sie sich vor, Ihr Ex-Partner hat Sie zur Weißglut gebracht. Okay, nach dem *ABC der Gefühle* kann er das nicht, aber es ist passiert. Sie haben seine Angebote, sich maßlos zu ärgern, angenommen. Nun sind Sie in Rage und im Begriff, den Inhalt des Küchenschranks gegen die Wand zu werfen. Im letzten Moment fällt Ihnen die Frage ein, was ein vernünftiger Mensch jetzt denken und tun würde. Sicher wissen Sie augenblicklich, dass er/sie die Tassen im Schrank lassen würde.

Haben Sie noch Einwände gegen die Erkenntnis, dass man so fühlt und handelt, wie man denkt? Welche? Sind Ihre Gegenargumente wirklich stichhaltig? Was spricht für Ihre Vorbehalte? Was dagegen?

Welche Vorteile hätte es, wenn Sie sich das *ABC der Gefühle* zu eigen machen würden? Welche Nachteile hätte es? Was könnten Sie verlieren? Was gewinnen?

Wie Sie eine neue Einstellung zur Scheidung finden

Eine neue Einstellung lässt sich nicht von einer Sekunde auf die andere entwickeln. In so kurzer Zeit ist es zwar möglich, einen einzigen stressauslösenden Gedanken zu entschärfen, aber Sie müssen darauf gefasst sein, dass der nächste gleich um die Ecke lauert.

Und das sieht so aus: »Ich komme einfach nicht darüber hinweg, was X mir angetan hat.« Sie bemerken, dass diese Überlegung Ihnen nicht guttut, und schalten um: »Doch, ich komme darüber hinweg. Es dauert nur länger, als mir lieb ist.« Dieser Gedanke dürfte sich für die meisten besser anfühlen als die deprimierende erste Idee.

Aber schon taucht der nächste Stressgedanke auf: »Ich werde mit meinem Geld nicht mehr auskommen und alles verlieren: mein Auto, meine Wohnung, meine gesamte Habe.« Im *ABC der Gefühle* schon etwas geschult, kontern Sie: »Stopp! Tatsache ist, dass ich weniger Geld haben werde. Das heißt aber nicht, dass ich alles verliere. Ich werde mich nur etwas einschränken müssen. Wahrscheinlich wird mir das schwerfallen, aber es gibt Schlimmeres!«

Damit hätten Sie auch die zweite Runde gewonnen. Boxkämpfe gehen über 10 oder 15 Runden. Das ist nichts im Vergleich mit irrationalem Denken. Sie werden staunen, wie viele deprimierende, beunruhigende und wütend machende Vorstellungen Sie in kürzester Zeit produzieren können. Lassen Sie sich davon nicht kirre machen. Bewahren Sie die Ruhe, indem Sie jedem dramatisierenden Gedanken einen realistischeren entgegensetzen.

Mit der Zeit lässt der Irrsinn nach. Sie können diesen Prozess unterstützen und vertiefen, indem Sie Ihre übertrieben negativen Überlegungen aufschreiben, zum Beispiel auf der linken Seite eines Notizbuchs, und sie, auf der rechten Seite, durch vernünftige, auf Tatsachen und Wahrscheinlichkeiten basierende Ansichten ersetzen. Sie werden feststellen, dass sich unter den Stressvorstellungen ein paar »Klassiker« befinden, die sich ständig wiederholen. Lesen Sie täglich morgens und abends oder je nach Bedarf das durch, was Sie sich auf der rechten Seite Ihres Notizbuchs erarbeitet haben.

Ja, erarbeitet. Anders als viele Ratgeber versprechen, macht das Umdenken eine gewisse Mühe. Es ist wesentlich leichter, die üblichen Stressideen zu denken. Alles Neue braucht Ihre volle Aufmerksamkeit. Das ist anstrengend. Im Automatikbetrieb lebt es sich leichter. Aber nur, wenn dieser keinen Stress macht. Führt Ihre normale Einstellung zu dramatischen Konsequenzen, ist es noch belastender, nichts zu ändern.

Investieren Sie kurzfristig etwas Arbeit ins Umdenken, um langfristig Ihre Scheidung gelassen zu sehen, anstatt sich zwar kurzfristig die kleine Mühe zu sparen, dafür aber langfristig zu leiden.

Stress verursachende Gedanken und ihre Alternativen

Man könnte glauben, dass Menschen unendlich erfinderisch darin sind, sich mit ihrem Denken das Leben schwer zu machen. Dem ist aber nicht so. Tatsächlich existieren nur ein bis zwei Dutzend irrationale Sichtweisen. Die übrigen Stressgedanken sind überwiegend Variationen davon. Das erleichtert die Aufgabe, das Denken zu entspannen, enorm.

Die typischen Denkfehler wiederum treten unterschiedlich oft auf. Wir wollen Ihnen hier die häufigsten mitsamt ihren gesünderen Alternativen vorstellen.

Alles oder nichts

Dieses Schwarz-Weiß-Denken verzerrt die Realität – und macht unglücklich. »Er/Sie hat mich nie geliebt.« – »Immer geht mir alles daneben.« – »Keiner versteht meinen Schmerz.« Mit Begriffen wie *nie, immer, alles, keiner* übertreibt man. Die Alternative dazu ist ein *Sowohl-als-auch*. »Er/Sie hat mich sowohl liebevoll als auch lieblos behandelt.« – »Manchmal geht mir etwas daneben.« – »Einige verstehen mich, andere nicht.«

Von Gefühlen auf Tatsachen schließen

Weil man sich schlecht fühlt, hält man dies für den Beweis, dass die Dinge schlecht stehen. In Wahrheit redet man sich etwas Negatives ein mit der Folge, dass man leidet, obwohl die Tatsachen viel weniger schlimm sind.

Als Alternative bietet sich das ABC der Gefühle an: Man fühlt, so wie man denkt. Die Tatsachen sind neutral.

Voreilige Schlüsse ziehen

Das Familiengericht hat Ihre Unterhaltsansprüche abgelehnt. Nun glauben Sie, Sie hätten verloren. Das ist möglich, muss aber nicht sein. Wenn Sie in die Berufung gehen, bekommen Sie in der nächsten Instanz vielleicht recht.

Wirksame Gegenmaßnahme: Bleiben Sie strikt in der Gegenwart. Die Zukunft ist offen.

Gedankenlesen

Sie glauben zu wissen, was Ihr/-e Ex-Partner/-in will. Aber können Sie sich da wirklich sicher sein?

Alternative: Fragen Sie ihn/sie.

Das Gute abwerten

Ihr Ex-Partner macht Ihnen bei der Regelung des Zugewinns (des während der Ehe erworbenen gemeinsamen Vermögens) Zugeständnisse, die er aufgrund der Rechtslage nicht machen müsste. Dies hindert Sie nicht, kein gutes Haar an ihm zu lassen.

Das Erfreuliche nicht gelten zu lassen, es herunterzuspielen, ist eine weitere Möglichkeit, sich unnötigerweise unglücklich zu machen.

Stattdessen sollten Sie würdigen, was gut ist, auch wenn Sie mit der Gesamtsituation unzufrieden sind.

Ungünstige Vergleiche ziehen

Es ist wie verhext! Überall sehen Sie glückliche Paare. Sie scheinen die Einzige zu sein, die geschieden ist.

Einerseits wissen Sie nicht genau, ob die Paare, die Sie für glücklich halten, es wirklich sind. Es sollen sich schon welche getrennt haben, die angeblich die ideale Beziehung führten! Andererseits geht es vielen mit Sicherheit schlechter als Ihnen, sei es, dass sie obdachlos, schwer krank oder auf der Flucht vor Kriegen oder Naturkatastrophen sind.

Als Alternative bietet sich an, sich möglichst nicht mit anderen zu vergleichen oder wenigstens auch die zu sehen, die unglücklicher sind als Sie selbst.

Übertrieben optimistisch sein

Auf den ersten Blick scheint es so, als sei dies keine Stress ver-
ursachende Einstellung. Aber nehmen wir einmal an, jemand
kümmere sich nicht um eine neue Wohnung, bemühe sich nicht,
wieder berufstätig zu sein und Geld zu verdienen, vertraue seinem Anwalt blind. Das kann ein böses Erwachen geben.

Besser ist es, zuversichtlich in die Zukunft zu schauen, aber
auch alles zu tun, damit dieses Vertrauen gerechtfertigt ist.

Im nächsten Kapitel folgt noch ein besonders dicker Hund.
Oder sollten wir besser sagen: ein besonders schwerer Denkfehler?

Eine Scheidung ist keine Katastrophe

Grundsätzlich scheint in unserer Kultur eine Tendenz zu bestehen, die Dinge zu dramatisieren. Sicherlich ist diese Neigung im
Menschen angelegt. Aus Mücken Elefanten zu machen ist eine
unter mehreren Möglichkeiten, über bestimmte Ereignisse zu
denken.

Zwingend ist das allerdings nicht. Man kann aus Elefanten
auch (wieder) Mücken machen. Am besten wäre es allerdings,
sich von vornherein einfach an die Tatsachen zu halten und
diese weder zu beschönigen noch zu verteufeln.

Eine Scheidung ist keine Katastrophe. Darunter versteht
man nämlich unvorhergesehene Geschehnisse mit verheeren-
den Folgen, beispielsweise Erdbeben oder Tsunamis mit Tau-
senden von Toten. Eine Scheidung erfüllt keines dieser Kriteri-
en. Normalerweise kommt sie nicht überraschend. Sie zeichnet

sich lange vorher ab. Ein Paar versteht sich nicht mehr so wie früher.

Die Folgen sind nicht verheerend, sondern allenfalls vorübergehend unangenehm. Während man bei Naturkatastrophen oft noch Jahrzehnte später sehen kann, was sie angerichtet haben, lassen sich die Folgen einer Scheidung begrenzen und neutralisieren. Nicht selten sind die Konsequenzen sogar positiv. Von einer Katastrophe kann man dergleichen nicht behaupten.

Sie tun sich also keinen Gefallen, wenn Sie eine Trennung katastrophal finden. Durch diese Bewertung lösen Sie Emotionen und Aktionen aus, die in keinem Verhältnis zum Anlass stehen.

Der Begründer der Rational-Emotiven Verhaltenstherapie, Albert Ellis, hat folgende Denkfehler als die schädlichsten herausgestellt:

- absolute Forderungen zu erheben,
- ihre Nichterfüllung als Katastrophe aufzufassen,
- die Folgen als schrecklich zu bezeichnen und
- sich einzureden, man könne die Realität nicht aushalten.

Leider sind gerade diese Denkweisen sehr verbreitet. Ihre Ursache haben sie wahrscheinlich in der Kindheit. Dreijährige glauben typischerweise, dass das Leben so sein sollte, wie sie es haben wollen. Vor allem nachdem sie das Wort »Nein« entdeckt haben, steigern sie sich in einen kleinen Machtrausch hinein. Leider bleiben manche dabei und entwickeln sich so zu kleinen Tyrannen.

Wird der absolute Anspruch, wie das Leben sein sollte, enttäuscht, ist das Geschrei groß. Fast jeder trägt dieses Kindheitsmuster noch in sich. Es nicht mehr oder nur noch sehr selten zu aktivieren, ist ein Zeichen innerer Reife.

Im Kern sind es nicht die Eltern, die ihrem Kind die Erfüllung seiner Forderungen verweigern. Sie übermitteln ihm nur die schlechte Botschaft, dass das Leben nicht immer so ist, wie man es gerne hätte. Als Dreijährigem fehlt einem allerdings die nötige Einsichtsfähigkeit. Man nimmt die Botschaft persönlich, genauer gesagt: Man nimmt sie seinen Eltern übel.

Was können Sie tun, wenn Sie zu der vielleicht etwas peinlichen Erkenntnis kommen, dass Sie sich immer noch teilweise wie ein kleines Kind verhalten?

Bezogen auf Scheidungen, wäre zu empfehlen:

- Sich zu wünschen (aber nicht zu fordern!), dass eine Trennung so abläuft, wie Sie es gerne hätten,
- es zu akzeptieren, wenn dieser Wunsch nicht in allen Punkten in Erfüllung geht,
- sich klarzumachen, was die reinen Tatsachen sind, und
- zu erkennen, dass Sie die damit verbundenen Unannehmlichkeiten sehr wohl ertragen können.

Scheidungen sind aushaltbar. Das beweisen Abertausende Menschen jedes Jahr. Sie sind in der Regel kein Grund zum Jubel (das gibt es allerdings auch!), aber es gibt Schlimmeres.

Wenn Sie lernen wollen, in Sekunden aus einem Elefanten eine Mücke zu machen, merken Sie sich die

beiden Grundregeln der Stressvermeidung:
- **Reg dich nicht über Kleinkram auf.**
- **(Fast) alles ist Kleinkram.**

Vom Pessimismus zum Optimismus

Um die Scheidung innerlich gut zu überwinden, hilft es sehr, eine pessimistische Haltung zugunsten einer optimistischeren aufzugeben. Was ist ein Pessimist? Dieser Begriff wird unterschiedlich interpretiert.

Der amerikanische Psychologe Martin Seligman hat ein Modell erarbeitet, um diese Form der Schwarzseherei klar erkennen zu können. Seiner Ansicht nach sind Menschen pessimistisch, wenn sie negative Ereignisse für beständig halten, wenn sie annehmen, ihr gesamtes Leben würde darunter leiden, und wenn sie glauben, sie seien allein verantwortlich für das, was geschehen ist.

Das bedeutet, dass jemand eine pessimistische Einstellung zu seiner Scheidung hat, wenn er meint, sein Leben würde dauerhaft davon bestimmt, sie wirke sich total negativ aus und er sei allein an allem schuld.

Wer so denkt, fühlt sich natürlich schlecht. Aber das lässt sich ändern, indem die bisherige Einstellung angezweifelt und durch eine andere ersetzt wird. Eine Scheidung geht wie alles im Leben vorüber. Sie bezieht sich nur auf einen Teil des Privatlebens. Für eine Trennung braucht es immer zwei. Die Verantwortung tragen in der Regel beide Partner.

Wenn Sie sich das gründlich klarmachen, fällt Ihnen ein Stein vom Herzen. Natürlich ist es bedrückend zu glauben, eine unangenehme Lage bleibe für immer so. Aber das bilden Sie sich zum Glück nur ein.

Fast jeder denkt mal negativ. Für Pessimisten gilt jedoch, dass ein negativer Erklärungsstil für sie typisch ist. Daher werden sie nicht nur ihre Trennung, sondern die meisten anderen Vorkommnisse in ihrem Leben ebenfalls negativ deuten.

Gewohnheiten, auch solche im Denken und Fühlen, sind nicht so leicht zu ändern, weil man sie automatisch wiederholt. Man muss also sehr genau hinhören, was man sich ständig einredet. Verschärfend kommt hinzu, dass die meisten Menschen nur schwer vom Gegenteil zu überzeugen sind, wenn sie ihr Leben lang pessimistisch gedacht haben. Gelernt ist gelernt, auch wenn das Gelernte ihnen nicht nützt.

Voraussetzung für eine Änderung ist zunächst, dass man seine Einstellung überhaupt ändern will. Ohne den festen Willen, von jetzt ab optimistischer zu denken, geht gar nichts. Anschließend muss man sich immer wieder sagen, dass die negativen Ereignisse vorübergehen.

Indem Sie sich konsequent fragen, was vom unerfreulichen Geschehen unberührt bleibt, begrenzen Sie seine psychologische Wirkung. Kaum jemand wird beispielsweise ernsthaft leugnen wollen, dass der Gemüseladen und der Supermarkt trotz der Scheidung weiter geöffnet haben werden. Wenn Sie weiter darüber nachdenken, werden Sie noch mehr finden.

Sich selbst zum Sündenbock von allem zu machen ist eine Haltung, die Sie schnellstens aufgeben sollten. Einige machen für sich geltend, für nichts, aber auch gar nichts verantwortlich zu sein. Andere übertreiben es in die entgegengesetzte Richtung. Die Wahrheit liegt in der Mitte. Für einen Teil können Sie etwas, aber Sie tragen nicht die gesamte Verantwortung allein.

Pessimismus hat eine gewisse Verwandtschaft mit der Depression. Der Begründer der Kognitiven Therapie, Aaron T. Beck, hat herausgefunden, dass depressive Menschen zu viele negative Vorstellungen über sich, über andere und über die Zukunft entwickeln. Trifft das in milderer Form nicht auch auf Pessimisten zu? Sie haben grundsätzlich eine schlechte Meinung von sich selbst. Sie misstrauen ihren Mitmenschen. Und sie erwarten von der Zukunft nicht allzu viel Gutes.

Man kann diese Sichtweisen umkehren, indem man das Positive an sich entdeckt, seiner Umgebung mehr Vertrauen schenkt und zumindest für möglich hält, dass die kommende Zeit auch schöne Dinge mit sich bringen wird.

Wie gesagt: Diese innere Umkehr ist nicht einfach. Aber sie ist möglich und sie lohnt sich.

Die Rolle der Erwartungen

Mit Erwartungen ist es so eine Sache. Sie haben die Tendenz, sich selbst zu erfüllen. Ein klassisches Beispiel ist der Pygmalion-Effekt. 1965 haben zwei amerikanische Psychologen, Robert Rosenthal und Lenore F. Jacobson, einer Grundschule vorgetäuscht, sie hätten einen Test entwickelt, mit dem die 20 Prozent unter allen SchülerInnen erkannt werden könnten, bei denen ein Leistungsschub unmittelbar bevorstünde. Tatsächlich ermittelten sie die »Aufblüher« per Los.

Verblüffenderweise konnte nach einem Jahr festgestellt werden, dass die zufällig ausgesuchten SchülerInnen tatsächlich viel bessere Leistungen aufwiesen als die Kontrollgruppe der übrigen SchülerInnen.

Fast noch irrer – im wahrsten Sinne des Wortes – waren die Experimente, die David Rosenhan von 1968 bis 1972 durchführte. Er schickte gesunde Menschen in eine psychiatrische Klinik und ließ sie dort Symptome vortäuschen. Allen gelang es mühelos, aufgenommen zu werden. Obwohl sie sich anschließend normal verhielten, blieben sie etwa drei Wochen und bekamen in der Zeit eine Fülle von Medikamenten, die sie jedoch nicht nahmen.

War es so schwierig, die Täuschung zu bemerken? Nicht unbedingt. Jedenfalls fielen die Patienten der Klinik, anders als die Ärzte, auf sie nicht herein.

Das Experiment fand eine unerwartete Fortsetzung. Nach der Veröffentlichung der Ergebnisse meldete sich eine Klinik bei Rosenhan, um ihm zu versichern, so etwas sei bei ihnen unmöglich. Rosenhan nahm die »Wette« an. Er kündigte dem Institut für die nächsten Monate einige Pseudopatienten an. Sie sollten die genaue Zahl herausfinden. Tatsächlich tat er überhaupt nichts. Dennoch »enttarnte« die Klinik in der Folgezeit circa 20 Prozent der Patienten als Simulanten. Weitere 20 Prozent standen bei den Ärzten im Verdacht, die Symptome nur vorzuspielen.

Ein befreundeter Arzt, dem wir bei einem Abendessen beiläufig von diesem Experiment erzählten, bewertete es als eine große »Sauerei«. Offenbar kränkte ihn die hohe Zahl der ärztlichen Irrtümer in seiner Berufsehre.

Während unserer juristischen Ausbildung stellten wir wiederholt fest, dass die Richter sich aufgrund ihres Aktenstudiums bereits eine feste Meinung von der Sache gebildet hatten, von der sie sich in der mündlichen Verhandlung nicht mehr abbringen ließen, nicht einmal wenn neue Fakten zutage traten, die eine neue Bewertung erforderlich gemacht hätten.

Diese Beispiele zeigen, dass die Erwartungen einen bestimmenden Einfluss auf die Ereignisse haben. Deshalb tun Sie gut daran, Ihre Annahmen bezüglich Ihrer Scheidung so zu wählen, dass sie zu Ihren Gunsten wirken können.

Vielleicht haben Sie auch schon mal die Erfahrung gemacht, wie schwer es ist, unfreundlich zu bleiben, wenn Ihr Gegenüber Sie konsequent freundlich behandelt. Umgekehrt ist es genauso.

Legen Sie in allen Einzelheiten fest, was Sie bezüglich Ihrer Scheidung erwarten. Was erwarten Sie von Ihrem Ex, Ihrem Anwalt, der Richterin – und nicht zuletzt von sich selbst? Wie wird die Sache ausgehen? Wo werden Sie in einem Jahr, in drei Jahren, in zehn Jahren stehen?

Ein Wort zur Warnung: Die Erwartungen lösen keine Wunder aus. Wenn Ihr Ex ein Psychopath ist, wird er durch Ihre Einstellung während der Scheidung aller Wahrscheinlichkeit nach nicht zu einem berechenbaren Verhandlungspartner. Ihre Prophezeiungen erhöhen lediglich die Wahrscheinlichkeit, dass es so kommen wird, wie Sie annehmen.

Das haben auch Studien über Optimisten und Pessimisten gezeigt. Die Optimisten entdeckten mit einer größeren Wahrscheinlichkeit die Geldmünzen, die man auf ihrem Weg verstreut hatte. Die Pessimisten gingen daran vorbei. Wer Gutes erwartet, wird es höchstwahrscheinlich finden!

Die Vergangenheit ist vorüber

Das sagt sich so leicht! Manchmal fällt es schwer, sich von früheren Zeiten zu lösen, sei es aus nostalgischen Gründen oder weil man bestimmte Erfahrungen noch nicht richtig verarbeitet hat.

Sich an das Gute in der Partnerschaft zu erinnern macht den Abschied schwer. Deshalb kann es zu Beginn der Trennung durchaus sinnvoll sein, klar im Kopf zu behalten, was nicht funktioniert hat. Sonst wäre man ja zusammengeblieben.

Später, wenn man sich ein neues Leben aufgebaut hat, schadet es nicht, gelegentlich auf vergangene schöne Zeiten zurückzublicken. Schließlich ist das Gestern neben der Gegenwart und der Zukunft eine der drei Quellen, sich zu freuen.

Etwas anderes ist es, wenn man gegenüber dem/der Ex noch Groll hegt. Dann sollte man sich ausführlicher mit dem Thema Vergebung beschäftigen. Das *ABC der Gefühle* ist dabei eine große Hilfe. Nicht die Vergangenheit löst den Groll aus, sondern wie man sie bewertet.

Genau genommen, besteht die persönliche Lebensgeschichte aus ganz vielen Geschichten. Die eigene Biografie zu erzählen bedeutet immer, eine Auswahl unter den möglichen Erlebnissen zu treffen. Überlegen Sie einmal, ob Sie dazu neigen, besonders die traurigen, ärgerlichen oder sorgenvollen Zeiten zu erinnern. Indem Sie eine einseitig negative Auswahl treffen, verfälschen Sie Ihre Geschichte.

Wie stellen Sie sich in Ihren Erinnerungen dar? Sehen Sie sich mehr aktiv oder stärker passiv? Sind Ihnen bestimmte Ereignisse einfach nur zugestoßen oder haben Sie aktiv etwas dazu beigetragen? Selbst wenn Sie sich eher als das Opfer betrachten, sollten Sie bedenken, dass Sie sich Ihren Partner selbst ausgesucht haben. Niemand hat Sie gezwungen, mit diesem Menschen zusammenzuleben. Manche vergessen dies allzu leicht.

Ferne Zeiten sollte man immer mit einer Prise Misstrauen erinnern. Oft sorgt die Fantasie dafür, dass man wichtige Details hinzuerfindet oder weglässt. Nicht selten haben andere Beteiligte ganz verschiedene Erinnerungen an ein Geschehen. Manchmal fragt man sich, ob alle wirklich denselben Film gesehen haben.

Apropos Film: Es kann sehr lehrreich sein, zusammen mit ein paar FreundInnen ins Kino zu gehen und nach vier Wochen zu versuchen, die Geschichte des Films in allen Einzelheiten nachzuerzählen. Das ist eine große Herausforderung. Sie werden feststellen, wie viele Lücken schon nach so kurzer Zeit bestehen und wie jeder solche Erinnerungslücken mit Vermutungen auffüllt.

Kann man die Vergangenheit eigentlich verarbeiten? Was bedeutet »verarbeiten«? Auf keinen Fall kann es heißen, sich ständig mit dem Gestern zu beschäftigen. Dadurch werden die alten Geschichten nur lebendiger.

Nicht zufällig sagt man: vergeben und vergessen. Erfahrungen sind dazu da, aus ihnen zu lernen, aber nicht, um ihre Last mit sich zu schleppen. Wie lange will man jemandem übel nehmen, was er oder sie getan hat? Grundsätzlich sollte man die anderen als seine Lehrer betrachten. Man muss nicht jede Lektion mögen. Aber wenn man die richtigen Lehren daraus zieht, braucht man unangenehme Situationen nicht zu wiederholen. Die Lehren (sowie das Schöne) gilt es aus der Vorzeit mitzunehmen. Den Rest kann man getrost vergessen.

Es macht keinen Sinn, sich immer wieder mit der Vergangenheit zu beschäftigen. Sie ist vorbei. Leben Sie lieber in der Gegenwart. Und malen Sie sich eine gute Zukunft aus. Sie ist wichtiger als das, was war; denn in ihr werden Sie den Rest Ihres Lebens verbringen.

Vorfreude auf die Zukunft

Eine der sinnvollsten Möglichkeiten, das Beste aus einer Trennung zu machen, ist diese: sich zu überlegen, wie man in Zukunft gerne leben möchte, was man aus der zu Ende gegangenen Partnerschaft lernen kann, und dann nach vorn zu schauen und diese Zukunft Schritt für Schritt zu erschaffen.

Aus der Vorstellung eines guten Lebens können Sie die Kraft ziehen, eine unbefriedigende Gegenwart besser zu ertragen. Das Schlechte geht vorüber. Sie sind auf dem Weg in eine bessere Zukunft.

Wie für die Vergangenheit gilt auch für die Zukunft: Entscheidend ist, welche Bedeutung man ihr gibt. Sieht man sie als die Fortsetzung eines enttäuschenden Gestern und Heute? Oder gelingt es einem, sich auf ein Glück verheißendes Morgen zu freuen? Beides ist möglich. Was ist die bessere Wahl?

Dabei geht es nicht darum, die Zukunft herbeizusehnen. Die Gegenwart ist die einzige Realität. Aber man kann sehr wohl im Hier und Jetzt leben und gleichzeitig von einer besseren Zukunft träumen. Wie heißt es? Wer nicht an Wunder glaubt, ist kein Realist.

Eine Gegenwart ohne Träume ist perspektivlos. Dabei gerät man in Gefahr, in eine Sinnkrise zu fallen. Der Wiener Psychoanalytiker Viktor Frankl (1905–1997) hob hervor, dass Menschen in bestimmten Lebenssituationen wie der Pubertät, im Alter, bei Arbeitslosigkeit, aber auch bei Scheidungen in eine Krise geraten können. Sie tritt auf, wenn es an konkreten Vorstellungen fehlt, wie es weitergehen kann.

Jugendliche wissen oft noch nicht, was sie aus ihrem Leben machen wollen. Das kann zu Ratlosigkeit führen. Ebenso fehlt manchmal denjenigen, die in Rente gehen oder die Zeiten von Arbeitslosigkeit erleben, eine erfreuliche Zukunftsvision. Darunter leiden sie.

Dasselbe kann im Fall einer Trennung oder Scheidung passieren. Das gewohnte Leben ist nicht mehr möglich. Deshalb scheuen nicht wenige davor zurück, ihre seit Langem unbefriedigende Partnerschaft zu beenden. Sie entscheiden sich lieber für einen grauen Alltag als für eine möglicherweise buntere, aber ungewisse Zukunft. Vor der Zukunft Angst zu haben ist eine Folge beunruhigender Fantasien. Warum nicht lieber Wunschträume entwickeln statt Albträume?

Fangen Sie gleich damit an, falls Sie es nicht ohnehin schon getan haben. Was wünschen Sie sich von der Zukunft? Wenn über Nacht ein Wunder geschähe, was wäre dann alles anders als heute? Was soll auf jeden Fall so bleiben, wie es ist? Was könnte besser werden? Was brauchen Sie, um sich wohlzufühlen? Wovon haben Sie früher geträumt? Was davon ist immer noch möglich?

Kinder brennen darauf, erwachsen zu werden, weil sie wissen, dass so viel mehr möglich ist, wenn sie mal »groß und stark« sind. Aber wenn sie dann erwachsen geworden sind, haben sie nicht nur ihre Träume vergessen, sondern oft auch ihre Fähigkeit zu träumen verloren.

Vielleicht haben Sie Lust, Ihrer Kreativität wieder Flügel wachsen zu lassen. Die Zukunft steckt voller Möglichkeiten. Sie will gestaltet werden. Eine gute Starthilfe dabei sind zum Beispiel die Bücher von Barbara Sher *(Wishcraft. Lebensträume und Berufsziele entdecken und verwirklichen* oder *Lebe das Leben, von dem du träumst).*

Dann kann es passieren, dass Sie so viel Spaß an der Realisierung Ihrer Wünsche haben, dass Ihnen die Zeit fehlt, sich noch lange mit Ihrer Scheidung aufzuhalten.

Ein Schnellkurs in Gelassenheit

Gelassenheit beginnt dort, wo auch der Stress entsteht: im Kopf. Man kann sich zwar günstige äußere Bedingungen suchen, die es einem erleichtern, innere Ruhe zu finden. Aber eine Garantie ist das nicht; denn man kann sich auch in den schönsten Umgebungen Stressgedanken machen.

Deshalb kommt man nicht darum herum, seine Gedanken zu beruhigen, wenn man innerlich entspannen möchte. Wie das geht, haben wir dem Prinzip nach in den vorigen Kapiteln beschrieben. Das ABC der Gefühle sollte Ihnen inzwischen vertraut sein. Ebenso der Grundsatz, dass man so fühlt und handelt, wie man denkt.

Was bedeutet dies für den Wunsch, gelassener zu sein? Zunächst macht man sich seine Gedanken und Gefühle bewusst. Da man weiß, dass Stress auf entsprechenden irrationalen Gedanken beruht, prüft man, ob das Denken den Tatsachen entspricht oder ob man übertreibt, dramatisiert, die Zukunft schwarzmalt oder absolute Forderungen erhebt.

Man stellt infrage, ob derartige Gedanken realistisch sind und ob man sich wirklich einen Gefallen damit tut, so zu denken. Sobald man eingesehen hat, dass dies nicht der Fall ist – mit der Zeit geht das sehr schnell –, ersetzt man die Stressgedanken durch solche, die die Gelassenheit fördern.

Zum Beispiel: Sie denken, dass die Welt ungerecht ist, weil alle anderen glücklich sind, während Sie selbst in Scheidung leben. Das stimmt nicht. Nur weil Sie geschieden werden, bedeutet es nicht, dass die Welt Sie benachteiligt. In vielen anderen Dingen wie Bildung, Einkommen und Gesundheit sind Sie vielleicht privilegiert. Außerdem sind nicht alle anderen glücklich, nicht einmal alle Paare. Zu denken, die Welt sei wegen der Trennung ungerecht, hilft Ihnen nicht. Es macht Sie bloß unnötig traurig und wütend.

Was wäre besser? Das lässt sich allgemein nicht sagen. Jeder findet seine eigenen Gelassenheitsgedanken. Wie wäre es hiermit: Die Welt ist manchmal gerecht und manchmal ungerecht. So ist das eben. Meine Scheidung hat mit der Gerechtigkeit in der Welt nichts zu tun. Einige sind glücklich, andere nicht. Das wechselt. Morgen kann ich schon wieder zu den Glücklichen gehören.

Entscheidend ist, dass Sie so lange neue Gedanken ausprobieren, bis Sie welche entdecken, die eine beruhigende Wirkung haben. Schreiben Sie sie auf. Wenn dann dieselben Stressgedanken erneut auftauchen, können Sie sie sofort entkräften.

Mit der Zeit lernen Sie auf diese Weise die Sprache der Gelassenheit.

Den Körper entspannen

Was tun Sie, um sich zu entspannen? Bitte sagen Sie jetzt nicht, Krimis anschauen und Marathon trainieren. Andererseits würde uns eine solche Antwort nicht überraschen; denn unsere Gesellschaft hat weitgehend vergessen, was Entspannung eigentlich bedeutet.

Bewegung kann erholsam sein; aber entspannend ist sie nicht. Im Gegenteil: Die Muskeln werden angespannt. Nach einem langweiligen Tag kann ein Krimi am Abend durchaus belebend wirken; aber mit Entspannung hat auch dies nichts zu tun. Ein Krimi soll spannend sein. Genauso wie eine Achterbahnfahrt die Nerven strapaziert.

Nein, mit Entspannung ist hier eine als angenehm empfundene Entspannung der Körpermuskulatur gemeint. Babys, wenn sie nicht gerade schreien oder den Gebrauch ihrer Muskeln trainieren, sind noch richtig tiefenentspannt. Im Schlaf lassen sie ihre Ärmchen und Beinchen hängen wie sonst nur Katzen.

Später bauen viele Erwachsene immer mehr Spannungen im Körper auf, die nach einiger Zeit oft chronisch werden. Verspannt zu sein ist in unserer Gesellschaft normal. Da sie anders keine Entspannung mehr finden, konsumieren Millionen Menschen Schlaftabletten, Beruhigungsmittel oder Alkohol.

Wenn dann noch starke Belastungen im Beruf oder im Privatleben, wie bei einer Scheidung, hinzukommen, wird die ohnehin schon hohe Anspannung fast unerträglich. Wie kommt man da ohne Drogen, Medikamente und Alkohol wieder heraus?

Am gesündesten ist es, ein natürliches Entspannungsverfahren zu lernen. Weit verbreitet ist zum Beispiel das autogene Training oder die progressive Muskelentspannung. Entweder besucht man einen Kurs oder trainiert mithilfe von CDs oder DVDs.

Aber selbst wenn man sich nur für ein paar Minuten aufs Bett legt und die Augen schließt, beginnen Körper und Geist, sich zu entspannen. Am Anfang mag sich dies überhaupt nicht so anfühlen. Manchmal zucken irgendwelche Muskeln, und man bemerkt erst richtig, wie wild der Verstand arbeitet. Das ist allerdings nur eine vorübergehende Phase. Danach wird es in der Regel besser.

Sobald Sie gelernt haben, sich zu Hause in Ruhe zu entspannen, können Sie damit beginnen, diesen angenehmen Zustand auch im Alltag zu üben. Dafür ist allerdings mehr erforderlich als ein paar Minuten. Normalerweise dauert es einige Wochen, bis man in der Lage ist, sich überall zu entspannen.

Gerade wenn Sie unter Ängsten und Sorgen leiden – und wer ist schon frei davon? –, ist ein Entspannungstraining eine ausgezeichnete Hilfe. Körperliche Anspannung interpretiert der Verstand nämlich leicht als Alarmsignal und reagiert darauf mit Angst.

Wer während einer Scheidung relativ gelassen bleiben möchte, sollte dieses Ziel mit zwei Methoden fördern: erstens indem er oder sie auf irrationale, dramatisierende und absolut fordernde Gedanken verzichtet und stattdessen lieber stressfrei denkt. Und zweitens durch mehr Entspannung.

Einige meinen, sie fänden es zu anstrengend, jeden Tag Gelassenheit körperlich und geistig zu trainieren. Aber wir können Ihnen versichern, dass chronischer Stress rund um die Uhr viel anstrengender ist als ein solches Programm.

Zwingen Sie sich nicht dazu. Fangen Sie mit kleinen Schritten an. Wir kommen im übernächsten Kapitel gleich noch einmal darauf zurück.

Dem Verstand eine Ruhepause gönnen

Endlich einmal abschalten! Den ganzen Stress eine Zeit lang hinter sich lassen! Das wünschen sich viele. Aber sie wissen nicht, wie sie das bewerkstelligen könnten.

Auf der anderen Seite gibt es Menschen, die gerne denken. Genauer gesagt, die Spaß haben mit ihren Fantasien, Einfällen und logischen Spielereien. Es kommt eben auf die Inhalte an.

Stellen Sie sich Ihre Gedanken als Personen vor. Wer hätte schon Lust, mit schwarz gekleideten, düsteren, humorlosen Gesellen den ganzen Tag zu verbringen. Aber genau das tun viele, ohne sich dessen richtig bewusst zu sein und ohne zu wissen, dass sie es ändern könnten.

Wie anders wäre es, mit einer Horde lustiger, kreativer, immer zu einem Spaß aufgelegter Ideen als Gesellschaft! Das Bedürfnis, diese wegzuschicken und endlich einmal Ruhe vor ihnen zu haben, wäre gering, zumindest würde man nicht den Augenblick fürchten, wo sie zurückkehren.

Die vorigen Kapitel handelten davon, wie man die Zahl der Miesepeter verringert und die der Optimisten und Spaßbringer erhöht. Ganz los wird man die Spielverderber allerdings nicht, weder in der Außen- noch in der Innenwelt.

Deshalb braucht man eine Strategie, um mit ihnen auf angenehme Weise zu koexistieren. Lassen Sie uns einmal die verschiedenen Möglichkeiten durchspielen, mit den Quälgeistern, das heißt den irrationalen Gedanken, umzugehen. Beginnen wir mit der am weitesten verbreiteten, aber ungünstigen Umgangsweise. Sie besteht darin, die sorgenvollen, depressiven und beängstigenden Vorstellungen passiv zu erdulden. Man glaubt, das sei normal. Vielleicht kennt man es gar nicht anders. Jedenfalls leidet man mehr, als man müsste.

Die nächste Option ist auch nicht besser. Man ist es leid, ständig schlechte Laune zu haben. Es reicht. Man hat genug. Also fängt man an, die Quälgeister zu bekämpfen. Einige Ratgeber empfehlen sogar, dies zu tun. Wir nicht; denn in der Regel bekommt man sie damit nicht weg. Im Gegenteil: Sie wehren sich und werden unter Umständen noch stärker.

Besser ist es, die negativen Gedanken infrage zu stellen. Das mögen sie nicht. Ihre Argumente sind nämlich schwach. Sie können nur existieren, solange man sie nicht bemerkt. Oder wenn man ihnen einfach abnimmt, was sie einem erzählen. Sobald man ihnen aufmerksam zuhört, aber nicht mehr alles glaubt, verlieren sie viel von ihrer Macht.

Was dann noch übrig bleibt, kann man einfach ignorieren. Man gibt sich nicht weiter damit ab, sondern wendet sich den Tatsachen zu sowie den konstruktiven Überlegungen, also solchen, die Spaß machen und das Leben effektiv verbessern.

Dieses Abwenden können Sie gezielt üben, indem Sie meditieren. Meditation ist wohl die am meisten unterschätzte und am wenigsten entwickelte Fähigkeit. Oder wie viele Personen kennen Sie, die täglich meditieren?

Über Meditation sind eine Menge Bücher geschrieben worden. Anleitungen dazu finden Sie auch auf CDs, DVDs und anderen Datenträgern. Falls Sie Lust dazu haben, suchen Sie sich das aus, was Sie am meisten anspricht.

Am einfachsten ist die Atemmeditation. Die geht so: Sorgen Sie dafür, dass Sie ein paar Minuten ungestört sind. Sie setzen sich bequem hin und schließen die Augen. Nehmen Sie aufmerksam wahr, wie Sie ein- und ausatmen. Strengen Sie sich dabei nicht an. Viele verbinden Aufmerksamkeit und Konzentration mit Anspannung. Das wäre hier völlig verkehrt. Also entspannen Sie Ihre Beine, Arme, den Bauch, die Brust und den Rücken sowie Ihr Gesicht. Einfach locker atmen.

Ihr Bewusstsein wird noch viele weitere Dinge wahrnehmen, zum Beispiel was Sie hören, fühlen oder riechen und natürlich was Sie denken. Das ist okay, interessiert Sie im Moment aber nicht weiter. Sie bleiben mit Ihrer Aufmerksamkeit bei Ihrem Atem. Spüren Sie die gesamte Atembewegung vom Anfang bis zum Ende und dann wieder von vorn.

Im Raum Ihres Bewusstseins hat vieles Platz. Manches lenkt Sie gelegentlich ab. Aber Sie kehren stets zu Ihrem Atem zurück. Das ist alles. Machen Sie das so lange, wie Sie Lust haben. Dieser Punkt ist wichtig. Meditation soll keine weitere Pflicht sein. Machen Sie einen bewussten Atemzug. Wenn Ihnen das reicht, hören Sie auf. Sonst machen Sie eine Weile weiter.

Natürlich ist die Wirkung so einer einzigen, aufmerksam verfolgten Atembewegung gering, aber sie ist zweifellos vorhanden. Wenn Sie länger dabeibleiben, profitieren Sie natürlich mehr. Bei einem Fitnesstraining würden Sie von einer einzigen Hantelbewegung auch nicht erwarten, dass sie reicht. Aber immerhin: Ein Anfang ist gemacht.

Stundenlanges Meditieren sollte man den Mönchen und Nonnen überlassen. Es ist genauso überflüssig wie ein Marathonlauf. Das hat dann nichts mehr mit Erholung oder einer Ruhepause zu tun, sondern ist zu einer extrem anstrengenden

Vollzeitbeschäftigung geworden. Davon abgesehen, hilft einem das Meditieren, Abstand zu seinen Gedanken und Gefühlen zu bekommen. Man merkt, dass man Ideen und Emotionen hat, aber mehr ist als diese. Das weitet das Bewusstsein und schafft Raum für neue Erfahrungen.

Negative Denkgewohnheiten überwinden

Egal ob Sie einsehen, dass Sie sich Ihren Stress mithilfe Ihrer Gedanken selbst schaffen, und unabhängig davon, ob Sie meditieren, werden Ihre negativen Denkgewohnheiten nicht automatisch verschwinden.

Man sagt, Einsicht sei der erste Schritt zur Besserung. Meditation hilft mit jedem bewussten Atemzug. Aber es sind eben nur erste Schritte. Weitere müssen folgen, damit neue, bessere Gewohnheiten entstehen.

Wenn Sie auf Ihre Scheidung mit viel Stress reagieren, liegt die Vermutung nahe, dass Sie generell auf Krisen überreagieren. Nutzen Sie also Ihre Situation, um insgesamt gelassener zu werden.

Selbstverständlich können Sie so weitermachen wie bisher. Aber dann bleiben auch die Folgen dieselben wie in der Vergangenheit. Es besteht sogar die Gefahr, dass der Stress im Laufe der Zeit chronisch wird und sich so lange summiert, bis Sie erschöpft sind. Sie wären weder die Erste noch der Einzige, dem das passiert.

Schauen Sie sich um. Wie viele leiden unter allen möglichen Formen von Stress! Sie haben jetzt die Chance, aus dieser Stressmühle auszusteigen, indem Sie lernen, Ihre Gedanken und

Gefühle in eine neue Richtung zu lenken, hin zu mehr Glück, Gelassenheit und Liebe.

Machen Sie die schönen Gefühle nicht von der gegenwärtigen Situation abhängig. Man kann sie überall finden, unabhängig von den jeweiligen Umständen. Dafür braucht es allerdings Übung. Und genau dazu möchten wir Sie motivieren.

Sehen Sie das Umdenken und/oder die Meditation bitte nicht als lästige Pflicht. Niemand zwingt Sie, diese kleine Mühe auf sich zu nehmen. Sie haben immer die Wahl, ob Sie in die eine Richtung (Stress) oder in die andere (Gelassenheit) gehen wollen.

Bisher sind Sie wie die meisten wahrscheinlich zu sehr auf Stress gepolt. Das heißt, Ihre Denkgewohnheiten drängen Sie von allein in diese Richtung. Das können Sie nur ändern, indem Sie eine Zeit lang bewusst gegensteuern. Nach einigen Wochen oder Monaten entsteht dann ein neuer Automatismus.

Eines Tages merken Sie, dass Sie sich überhaupt nicht mehr anstrengen müssen, um auch in schwierigen Lagen ruhig zu bleiben. Es ist Ihnen zur zweiten Natur geworden. Jetzt müssten Sie einen gewissen Aufwand betreiben, um sich (künstlich) aufzuregen.

Wo wir gerade über »künstlich« sprechen. Am Anfang wird es Ihnen vermutlich komisch vorkommen, wenn Sie in Situationen gelassen reagieren, in denen Sie bisher an die Decke gegangen sind. Sie fragen sich vielleicht: »Bin das überhaupt noch ich?« – »Mache ich mir und anderen nicht nur etwas vor?« Das liegt daran, dass es noch zu ungewohnt ist. Sie haben sich in der Vergangenheit mit Ihren Stressreaktionen so sehr identifiziert, dass es Ihnen gar nicht in den Sinn kam, anders zu denken, zu fühlen und zu handeln als sonst immer.

Machen Sie einfach weiter mit Ihrer neuen Strategie. Dann

gibt sich das Gefühl der Künstlichkeit. Sie kommen zunehmend in den Genuss der Vorteile eines stressfreien Lebens. Sie sind öfter glücklich, bleiben länger gelassen und sind offener für die schönen Momente.

Erwarten Sie nicht, darin perfekt zu werden. Eine Scheidung zu bewältigen erfordert eine Menge Kraft. Deshalb kann es sein, dass Sie sich manchmal überfordert fühlen. Sie fallen in alte Gewohnheiten zurück. Die negativen Gedanken setzen sich ab und zu wieder durch. Das geht jedem so, der etwas Neues ausprobiert. Lassen Sie sich davon nicht entmutigen.

Leider reicht die Einsicht in die Zusammenhänge von Gedanken, Gefühlen und Handlungen nicht aus. Falls Sie also glauben, das alles schon zu kennen, warum wenden Sie es nicht an? Worauf warten Sie? Auf das nächste Buch? Auf neue Erkenntnisse? Was immer Sie noch entdecken mögen: Sie werden um ein Training der Gefühle nicht herumkommen, wenn Sie dem Stress ein Ende machen wollen. Kein Buch kann etwas ändern, wenn Sie sich den Inhalt nicht zu eigen machen, indem Sie Ihre neuen oder alten Einsichten täglich leben.

Jemand hat mal gesagt, dass ihm ein Kämpfer keine Angst mache, der 10 000 Techniken kennt, wohl aber einer, der eine einzige wirksame Technik 10 000 Mal geübt hat. Werden Sie so eine Kämpferin gegen den Stress, die das *ABC der Gefühle* und die Atemmeditation 10 000 Mal in ihrem Alltag angewendet hat. Dann werden Sie jeden besiegen, der Sie aus dem inneren Gleichgewicht bringen will.

Bis Sie das *ABC der Gefühle* fließend beherrschen, ist es ein langer Weg. Er wird jedoch mit jedem Schritt kürzer.

Die praktischen Probleme lösen

Schritt für Schritt Probleme lösen

Sie wissen jetzt, dass unsere Denkgewohnheiten entscheidend dafür sind, wie wir uns fühlen. Wenn wir aufhören, uns dauernd Stressgedanken zu machen, können wir gelassen bleiben. Es reicht jedoch nicht aus, umzudenken. Eine Scheidung wirft auch eine Menge praktische Probleme auf, die unser Handeln erfordern.

Die Problemlöse-Therapie hat nachgewiesen, dass Stress sich mindert oder auflöst, sobald Menschen in der Lage sind, ihre Probleme konstruktiv anzugehen, und ihnen diese Fähigkeit auch bewusst ist.

Wir schildern in diesem Kapitel, wie es Ihnen gelingt, Herausforderungen anzupacken, welche Einstellungen dabei günstig sind (und welche nicht) und wie man am besten vorgeht, um mit Schwierigkeiten optimal fertigzuwerden.

Was alles auf Sie zukommen kann

Wir können Probleme besser lösen, wenn wir mental darauf vorbereitet sind. SpitzensportlerInnen stellen sich nicht einfach vor, dass sie siegen werden, sondern malen sich aus, was alles schiefgehen könnte und wie sie diese Schwierigkeiten im Einzelnen überwinden werden (»Es wird in Strömen gießen, aber ich werde es trotzdem schaffen, weil ich oft genug im Regen trainiert habe«, »Die Konkurrentin wird mich schief ansehen, aber das spornt mich erst recht an«). Das ist die richtige Einstellung, mit Widrigkeiten umzugehen. Reines Wunschdenken hilft nicht weiter.

Entscheidend ist die Problemlöse-Kompetenz. Machen auch Sie sich diese Fähigkeit zu eigen. Setzen Sie nicht alles auf eine Karte, sondern entwickeln Sie einen Plan B (und C und D). So bleiben Sie flexibel, falls die Dinge nicht so laufen wie ursprünglich gedacht.

Leider bleibt es einem im Leben nicht erspart, auf sehr unangenehme Situationen zu stoßen. Den Kopf in den Sand zu stecken hilft dabei niemandem.

Nehmen wir einmal an, eine Frau, die sich trennen möchte, hat einen Ehemann, der sie bei Streitigkeiten wiederholt geschlagen hat. Sie muss realistischerweise damit rechnen, dass es im Zusammenhang mit der Trennung zu Angriffen kommt, und sollte sich darauf vorbereiten. Ein Auszug aus der ehelichen Wohnung kann zum Beispiel heimlich erfolgen. Beim Einwohnermeldeamt kann eine Adresssperre beantragt werden, sodass der Ehemann nicht herausfinden kann, wo sie nun wohnt. Falls Kinder vorhanden sind, kann zusätzlich das Jugendamt informiert werden. Eine möglichst frühzeitig eingeschaltete Anwältin sollte die einzelnen Trennungsschritte juristisch unterstützen.

In jedem Fall ist es sinnvoll, sich durch rechtzeitige Beratung (Anwalt, Jugendamt, freie Träger) einen Informationsvorsprung zu verschaffen.

Prüfen Sie außerdem:

- Welche persönlichen Unterlagen und Gegenstände sind zu sichern?
- Gibt es Freunde und Bekannte, die Ihnen in der kritischen Zeit helfen würden?
- Wie können Sie Ihren Kindern die ungewohnte Situation erleichtern?

In dieser Planungsphase ist es angebracht, sich zu überlegen:

- Was kann schlimmstenfalls passieren?
- Was genau tue ich dann?

Haben Sie diese beiden Fragen für sich beantwortet und entsprechende Vorkehrungen getroffen, gehen Sie wieder dazu über, das Beste für die Zukunft zu erwarten. Sie haben sich ja optimal vorbereitet und alles getan, damit die Sache gut ausgeht.

Eins nach dem anderen

Eine Scheidung bringt große Veränderungen mit sich. Wenn Sie den ganzen Berg an Dingen, die getan werden müssen, vor sich sehen, kann das zeitweilig überfordernd wirken. Machen Sie sich bewusst, dass jede Trennung, genau wie jede Reise, mit dem ersten Schritt beginnt. Genau genommen, beginnt sie mit dem ersten Gedanken.

Klären Sie zuerst Ihre Ziele. Wie stellen Sie sich Ihre Wohnsituation nach der Scheidung vor? Was ändert sich für Ihre Kinder? Ist ein Schulwechsel erforderlich? Bei wem sind sie tagsüber untergebracht? Wie viel Geld wird Ihnen zur Verfügung stehen? Welche Beziehungen (Schwiegereltern, Freunde und so weiter) wollen Sie aufrechterhalten, welche nicht? (Wenn Sie und Ihr/-e PartnerIn bisher zum selben Friseur gegangen sind, brauchen Sie vielleicht einen neuen? Selbst um solche Detailfragen geht es!)

Dann listen Sie die Dinge auf, die zur Umsetzung zu tun

sind. Bei der Planung der einzelnen Aktionen lassen Sie Ihrer Kreativität freien Lauf. Arbeiten Sie mit der Methode des Brainstormings. Alles, was Ihnen einfällt, tragen Sie – zunächst ohne Bewertung – zusammen. Je mehr Ideen Sie sammeln, desto besser. Behindern Sie sich nicht mit Gedanken wie: »Das ist doch völlig unrealistisch« oder »So kann das gar nicht klappen«, sondern lassen Sie sich einfach ganz unbefangen etwas einfallen. Weisen Sie unkonventionelle Ideen, die Ihnen zufliegen, nicht zurück. Heißen Sie sie willkommen. Vielleicht sind genau diese Einfälle, die Ihnen zunächst abwegig erscheinen, die besten. Oft halten wir zu vieles für unmöglich. Wenn wir alles genauso machen, wie wir es immer getan haben, kann sich ja nichts ändern.

Fragen Sie andere, ob denen noch mehr einfällt. Den Realitätscheck können Sie später noch machen, wenn Sie genug Ideen auf Ihrer Liste haben.

Dann setzen Sie einen Schritt nach dem anderen um. Probieren Sie Ihre Ideen aus. Falls etwas nicht funktioniert, machen Sie mit dem nächsten Einfall weiter.

Sie müssen nicht alles auf einmal erledigen. Machen Sie kleine Schritte. Klopfen Sie sich nach jedem einzelnen Schritt auf die Schulter (»wieder etwas geschafft!«) und gönnen Sie sich zwischendurch die Erholung, die Sie brauchen, um entspannt weitermachen zu können. Auf diese Weise erreichen Sie wesentlich mehr, als wenn Sie sich die ganze Last auf einmal aufladen. Widerstehen Sie der Versuchung, so schnell wie möglich so viel wie möglich zu erreichen. Das bringt Sie nur aus der Puste. Für eine Scheidung benötigen Sie aber einen langen Atem.

Viele überschätzen, was an einem Tag getan werden kann, und unterschätzen, was in einem Jahr möglich ist. Bleiben Sie dran, aber tun Sie nicht zu viel.

Vieles ändert sich (aber nicht alles)

Die meisten Menschen scheuen Veränderungen. Evolutionär ist das gut erklärbar. Jede Änderung von (mehr oder weniger) Bewährtem konnte eine Gefahr für das Überleben der Art bedeuten. Hatten Urmenschen zum Beispiel einmal eine Gegend entdeckt, die genug Nahrung für die Gruppe bot, war es ein Risiko, weiterzuziehen und in der Fremde schlimmstenfalls (ver)hungern zu müssen.

Heute bedeuten Veränderungen (jedenfalls in vielen Ländern der Welt) kein annähernd so hohes Wagnis mehr. Im Gegenteil: Meistens bringen sie uns nur aus unserem Alltagstrott, und das kann ganz gut sein. Oft erkennen wir, wenn wir die Unannehmlichkeiten der Umstellung überwunden haben, dass sich vieles zum Positiven gewandelt hat. Wir hätten bestimmte Lebenssituationen nicht freiwillig umgekrempelt, sind aber später froh darüber, dass es geschehen ist.

Kennen Sie das auch von sich? Wann haben Sie es zuletzt erfahren? Was hat sich am Ende als vorteilhaft erwiesen, obwohl Sie am Anfang gegen das Neue waren?

Wissen Sie noch, was Ihnen geholfen hat, sich in solchen Phasen zu motivieren und den Mut nicht zu verlieren?

Probieren Sie es mal mit dem folgenden Trick, wenn Sie von unerwünschten Ereignissen betroffen sind. Stellen Sie sich vor, dass das Universum ab und zu Ereigniskarten verteilt und Sie sich etwas aussuchen dürfen: Hier wäre zunächst ein schwerer Unfall, wer nimmt den? (Nee, bloß nicht!) Wer zieht aus seiner schönen Wohnung aus? (Okay, wenn's sein muss ...) Wer will die Kündigung haben? (Lieber nicht, was ist denn sonst noch im Angebot?) Wer kleckert sich das Hemd voll? (Hierher, bitte!!) Die Krankheit mit Beinamputation? (Nein, danke!) Und wer will die Scheidung? (Na ja, dann nehme ich lieber die.)

Im Spiel mögen wir solche Ereigniskarten ganz gern. Sie lösen einen gewissen Nervenkitzel aus, ohne den das Ganze langweilig wäre. Wenn Sie sich im realen Leben ausmalen, was an Schlimmerem an Ihnen vorbeigeht, kommt Ihnen die Scheidung vielleicht nur noch halb so heftig vor.

Machen Sie sich Ihr inneres Selbstgespräch bewusst und greifen Sie ein, falls Sie bemerken, dass es sich zu sehr in Richtung »das wird alles böse enden« bewegt. Erinnern Sie sich wiederholt an die gefürchteten Änderungen, für die Sie später dankbar gewesen sind. Veränderungen können auch Gutes bringen.

Im Coaching lernen wir immer wieder Menschen kennen, die sich zunächst gegen Neues stemmen, weil sie befürchten, damit nicht umgehen zu können. Je mehr ihre Flexibilität und Widerstandskraft zunimmt, desto eher schätzen sie die positiven Aspekte der Veränderungen und genießen sie sogar. Genau das können Sie auch lernen. Diese Fähigkeit ist ein, wenn nicht *der* Schlüssel zum glücklichen Leben.

Falls Ihnen Ihr Leben gerade chaotisch und überwältigend vorkommt, können Sie ein Stück gegensteuern, indem Sie feste Strukturen aufbauen. Es kann sehr ausgleichend wirken, zum Beispiel zu festen Tageszeiten zu essen, aufzustehen und schlafen zu gehen, sich regelmäßig mit guten FreundInnen zu verabreden und überhaupt für die schönen Dinge genauso feste Zeiten zu reservieren wie für die notwendigen (mittwochs ist Fußballabend, donnerstags Tanzkurs und montags Lese- und Abhängzeit).

Solche gleichbleibenden Strukturen geben uns – besonders in turbulenten Zeiten – Sicherheit. Sie helfen uns, unsere Gelassenheit und Lebenslust nicht zu verlieren bzw. wiederzugewinnen. Außerdem zeigen sie uns, dass wir vieles, wenn auch nicht alles, kontrollieren können.

Geben Sie sich mit solchen Fixpunkten einen festen Halt mitten in der Veränderung.

Wie man mit Problemen optimal fertigwird

Der amerikanische Psychologe Thomas D'Zurilla hat eine einfache Methode entwickelt, konstruktiv mit Problemen umzugehen. Er hält drei Fähigkeiten für wesentlich: Optimismus, Selbstvertrauen und Ausdauer. In Verbindung mit einer einfachen Versuch-und-Irrtum-Strategie lassen sich so selbst die hartnäckigsten Probleme lösen.

Alle diese Fähigkeiten sind erlernbar. Wir können uns von Pessimisten zu Optimisten wandeln, von selbstunsicheren zu selbstbewussten Menschen werden und statt schnell aufzugeben, so lange weitermachen, bis das Ziel erreicht ist, egal wie lange das dauert. Falls Sie eine oder mehrere dieser Kompetenzen bereits beherrschen, umso besser. Aber auch wenn Sie sich bisher damit schwergetan haben, heißt das nur, dass Sie mehr Übung brauchen.

Eine Scheidung ist eine Chance, diese Problemlöse-Kompetenz ein für alle Mal zu entwickeln und dann auch in anderen

Lebensbereichen einzusetzen. Auf diese Weise kann einen gerade ein Ereignis, das man zunächst für furchtbar gehalten hat, zum Bewältigungs-Champion machen, wenn man bereit ist, die Herausforderung anzunehmen. Deshalb brauchen Sie kein Supermann/keine Superfrau zu werden. Es ist völlig okay, mal zu jammern und sich auszuweinen. Aber Sie sollten nie vergessen, dass Sie sich aus Tiefs wieder herausarbeiten können.

Sehen wir uns die wichtigsten Problemlöse-Werkzeuge genauer an.

Optimismus

OptimistInnen besitzen vier Grundüberzeugungen, die ihnen den Umgang mit Problemen erleichtern. Sie sind davon überzeugt,

- dass alles Unangenehme vorübergeht,
- dass sie ihre Situation aktiv zum Besseren gestalten können,
- dass sich Schlechtes nur auf einen Teil ihres Lebens auswirkt, aber nicht auf ihr gesamtes Leben,
- dass Misserfolge nicht nur von ihnen selbst verursacht wurden, sondern dass die anderen und die Umstände ebenso eine Rolle dabei gespielt haben.

Wie können wir nun von pessimistischen Einstellungen auf optimistische »umschalten«?

Sie könnten sich zum Beispiel klarmachen, dass unangenehme Situationen vorübergehen. Falls Sie überzeugt sind: »Nach dem Auszug meines Mannes werde ich nie wieder glücklich sein«, könnten Sie sich überlegen: »Damals, als Paul Christina verlassen hat und sie am Boden zerstört war, hat sie bald darauf Pedro kennengelernt, und die beiden sind heute eines der glücklichsten Paare in meinem Freundeskreis. Das könnte bei mir doch auch klappen.« Oder Sie erinnern sich, wie schwer es Ihnen damals in der neuen Stadt gefallen ist, sich einzuleben, und wie Sie nach einigen Jahren gar nicht wieder weg wollten, weil Sie sich inzwischen dort so wohlgefühlt haben.

Halten Sie es für möglich, dass das, was Sie im Moment für ein Problem halten, sich später als der Beginn von etwas Wunderbarem erweist?

Eine andere Möglichkeit wäre, sich zu fragen, ob jetzt wirklich *alles* schlecht ist. Aus: »Was bin ich doch für ein bedauernswerter Mensch«, könnte werden: »Meine Ehe hat zwar nicht gehalten, aber um meinen Job und meine Art, auf andere zuzugehen, beneiden mich viele«.

Anstatt sich die ganze Schuld zu geben, dass Sie jetzt (teilweise) neu anfangen müssen, könnten sie erkennen, dass sich jeder mehrmals in seinem Leben auf neue Verhältnisse einstellen muss. Die Dinge ändern sich. Nicht jede Ehe hält, bis dass der Tod sie scheidet. Dafür gibt es viele Ursachen.

Was können Sie aktiv tun, um Ihre Lage zu verbessern? Welche Vorteile hätte es, nach vorn zu schauen?

Optimismus heißt ja nicht, froh zu sein, wenn alles optimal läuft, sondern gerade in schwierigen Zeiten zuversichtlich zu bleiben. OptimistInnen haben die Kompetenz entwickelt, so weit vorauszublicken, dass sie den Silberstreif am Horizont, der den PessimistInnen entgeht, bereits erkennen können.

Selbstvertrauen

Eine weitere Fähigkeit, die uns beim Umgang mit Problemen hilft, ist Selbstvertrauen.

Damit ist nicht gemeint, sich ständig für die Größte oder den Größten zu halten, sondern davon überzeugt zu sein, auftauchende Schwierigkeiten früher oder später meistern zu können. Falls Sie zu den Menschen gehören, denen in der Kindheit eingeredet wurde, für vieles unbegabt oder überhaupt unfähig zu sein, lohnt sich für Sie ein aktives Umlernprogramm. Sie können zum Beispiel ein Heft anlegen, in das Sie mindestens 100 Dinge eintragen, die Sie gut können. Das beginnt vielleicht mit: »Meine Geranien sind prächtig«, geht weiter mit: »Ich kann fantastisch einparken«, und ist mit: »Ich kann Menschen zum Lachen bringen«, noch lange nicht komplett. Halten Sie sich vor Augen, dass Sie eine Menge Dinge geregelt kriegen. Was Sie noch nicht können, werden Sie eben lernen.

Überlegen Sie, was andere an Ihnen schätzen, oder fragen Sie Ihre FreundInnen direkt danach. Die Antworten tragen Sie in Ihr Heft ein, in dem Sie von nun an regelmäßig lesen, um all Ihre Fähigkeiten nicht gleich wieder zu vergessen.

Machen Sie sich klar, was Sie alles schon geschafft haben, obwohl Sie zuerst nicht daran glauben konnten (»Als ich damals durch die Prüfung gefallen bin, war ich von der Rolle. Aber ein Jahr später habe ich eine bessere Note bekommen als mein Freund«, »Die Kündigung damals war hart, aber letztlich habe ich nach langer Suche so meinen Traumjob gefunden.«)

Ausdauer

Wenn Sie so Optimismus und Selbstvertrauen üben, sind Sie auf der richtigen Spur. Was jetzt noch fehlt, ist die Fähigkeit dranzubleiben.

Viele Menschen schaffen es, munter loszustürmen, geben aber nach dem ersten oder spätestens dem zehnten Misserfolg auf. Dabei können wir aus Misserfolgen Wichtiges lernen: Hier geht es nicht weiter! Denk dir etwas anderes aus!

Fehler zeigen uns, was wir nicht zu wiederholen brauchen. Je mehr Fehler wir schon gemacht haben, desto dichter sind wir oft am Ziel.

Die Fähigkeit, die erfolgreiche Menschen von nicht erfolgreichen unterscheidet, ist Frustrationstoleranz. Wer auch nach der zweihundertsten Absage dranbleibt (und oft sind so viele gar nicht nötig), ist kaum aufzuhalten. Wer nach Niederlagen einfach den nächsten Plan in Angriff nimmt, wird früher oder später gewinnen.

Verfolgen Sie das, was Sie sich vorgenommen haben, ruhig und konzentriert, aber nicht verbissen. Fragen Sie andere um Rat, die schon weiter sind als Sie. Bitten Sie um Unterstützung und finden Sie heraus, wer Ihnen helfen kann und will und wer nicht.

Und vergessen Sie bei all dem zu Erledigenden nicht den Zauber des Neubeginns und das Abenteuer des Entdeckens. Oft sind Phasen, die uns herausfordern, die, in denen wir besonders intensiv leben und an die wir uns später gern erinnern und sogar noch unseren Enkelkindern erzählen.

Versuch-und-Irrtum-Strategie

Im Prinzip haben wir diese Strategie bereits an anderer Stelle (»Eins nach dem anderen«) vorgestellt. Es geht darum, sich etwas einfallen zu lassen, um aus dem Schlamassel herauszukommen. Kreativität ist hier gefragt. Die Frage könnte zum Beispiel lauten: »Wie finde ich eine neue, bezahlbare Wohnung für mich und meine Tochter?« Notieren Sie Ihre Antworten. Im zweiten Schritt bewerten Sie die bisher gefundenen Möglichkeiten und entscheiden sich für die vielversprechendste. Diese testen Sie. Wenn Sie auf Anhieb Erfolg haben, ist das Problem gelöst. Sonst machen Sie weiter mit der nächsten Alternative. Da Sie meist nicht wissen, was zum Ziel führt (sonst wäre es kein Problem!), bleibt Ihnen letztlich nichts anderes übrig, als es über Versuch und Irrtum zu schaffen. Dafür sind Optimismus, Selbstvertrauen und Ausdauer notwendig.

Mit diesen vier Fertigkeiten sind Sie für die folgenden typischen Probleme nach einer Trennung gut gerüstet.

Ein räumlicher Neuanfang

Wenn Sie sich scheiden lassen, ist oft ein Umzug erforderlich. Sei es, weil die Ehewohnung für Sie zu groß und zu teuer geworden ist, weil Sie die Wohnung dem Partner überlassen oder weil Sie zu viele Erinnerungen damit verbinden und neu anfangen möchten. Auf der schon erwähnten »Stressskala« steht ein Umzug ziemlich weit oben. Aber Sie wissen ja, nicht die Situation selbst macht den Stress, sondern Ihre Bewertung der Situation.

Besonders in Großstädten ist es oft nicht leicht, eine schöne und bezahlbare Bleibe zu finden, aber es ist möglich.

Fragen Sie im Freundes-, Kolleginnen- und Bekanntenkreis, ob jemand einen Vermieter oder eine Hausverwaltung kennt. So ein persönlicher Kontakt ist Gold wert, weil Sie sich direkt bewerben können und so wesentlich bessere Chancen auf einen Mietvertrag haben. Vielleicht erfahren Sie auf diese Weise als Erste/-r von einer demnächst frei werdenden Wohnung und brauchen sich nicht zusammen mit 50 anderen Interessenten im Treppenhaus zu drängeln.

Sinnvoll kann auch die Mitgliedschaft in einer Wohnungsbaugenossenschaft sein. Oft wird zwar eine Warteliste geführt, aber mit ein wenig Geduld können Sie dort Ihre Traumwohnung finden.

Wohnungsportale im Internet (zum Beispiel *Immobilienscout24.de*) bieten Möglichkeiten, von denen man früher nur träumen konnte. Sie sparen sich dabei unnötige Besichtigungstermine, weil Sie oft bereits nach den eingestellten Fotos beurteilen können, ob das Angebot Ihren Vorstellungen entspricht.

Eine Bekannte von uns ist übrigens auf der Suche nach einer Wohnung einfach durch die Stadt gegangen und hat in Häusern, die ihr zusagten, nach leeren Fenstern Ausschau gehalten. Es ist kaum zu glauben, aber auf diese Weise hat sie tatsächlich ihre neue Behausung entdeckt und anmieten können. Kreativität siegt!

Eventuell bietet sich durch die Trennung auch die Gelegenheit, aus einer ungeliebten Stadt an Ihren Sehnsuchtsort zu ziehen oder von einer Wohnung, in der Sie sich nie richtig wohlgefühlt haben, in ein Apartment zu wechseln, das perfekt zu Ihnen passt. Es liegt in der Natur der Veränderungen: Sie können durchaus Vorteile bringen, wenn Sie bereit sind, die Chance zu ergreifen.

Oft wird Ihre neue Bleibe kleiner sein als die gemeinsame Wohnung. Klein heißt jedoch nicht unfein. Schauen Sie sich doch einmal die fantastische Website *apartmenttherapy.com* an. Hier gibt es täglich neue Posts zum Thema Wohnen und Einrichten, aber auch Ordnung halten, mit wenig Aufwand sich selbst und Freunde bekochen und vieles mehr. Besonders gefällt uns, dass der Schwerpunkt nicht auf Hochglanz-Luxus-immobilien liegt, sondern dort Menschen wie Sie und wir zeigen, was mit normalen Einkommen möglich ist. Außerdem wird jährlich bei einem *Small Cool Contest* die schickste kleine Wohnung gewählt. Das ist Inspiration pur und beweist, dass groß nicht zwangsläufig gut und klein keineswegs bedauerns-wert sein muss.

Es ist auf jeden Fall ermutigend zu sehen, wie andere teilwei-se aus klitzekleinen und ungünstig geschnittenen Wohnungen – und wer bestimmt schon, was günstig und ungünstig ist? – das Beste herausholen. Der Gründer von Apartment Therapy ist im Übrigen selbst geschieden und teilt sich mit seiner Ex-Frau die Sorge für die gemeinsame Tochter.

Ein Umzug in eine kleinere Wohnung bietet zudem eine gute Gelegenheit, um sich (wieder) einmal zu fragen: Was bedeutet mir etwas, was ist mir wichtig, was sind meine Bedürfnisse, worauf kann ich verzichten?

Nehmen Sie sich Zeit, diese Dinge für sich zu klären. Schließ-lich wollen Sie ja nicht irgendwie und irgendwo leben, sondern genauso individuell und einzigartig, wie es Ihrer Persönlichkeit entspricht. Manchmal ist man überrascht, was bei der Antwort auf diese Fragen herauskommt, und stellt fest: »Ich brauche keinen Fernseher, aber ein Trampolin«, »Ich will endlich so farbig wohnen, wie mein/-e PartnerIn das niemals zugelassen hätte« oder »Jetzt ist die Zeit für den knorrigen Esstisch, um Freunde zu bewirten«.

Aber auch wenn Sie die frühere gemeinsame Wohnung allein weiter bewohnen, stellt das einen räumlichen Neuanfang dar, weil vieles eben nicht mehr so ist, wie es während der Ehe war. Sie haben dann nicht das Problem, sich in kleineren Räumen zurechtfinden und alles, was Ihnen wichtig ist, unterbringen zu müssen, sondern besitzen im Gegenteil auf einmal viel zu viel Platz. Lassen Sie sich Zeit, diesen sinnvoll zu füllen, oder entdecken Sie, wie viel an der alten Weisheit »less is more« (weniger ist mehr) dran ist. Häufig bringen die Freiflächen das übrige Mobiliar erst richtig zur Geltung. Und der Seele tut es auch gut, frei von zu viel Krimskrams durchatmen zu können.

Den Haushalt neu organisieren

Am besten ist es, wenn Sie sich mit Ihrem Partner/Ihrer Partnerin darüber einigen, wie die Dinge, die während der Ehezeit angeschafft wurden (der sogenannte Hausrat), zwischen Ihnen verteilt werden sollen. Je nachdem, ob Sie nach der Hochzeit das meiste neu gekauft haben oder ob Sie beide viele Gegenstände mit in die Ehe gebracht haben, haben Sie mehr oder weniger zu verteilen.

Und nehmen Sie die Hausratsteilung nicht so wörtlich wie der Berliner, der angeblich alle ehelichen Habseligkeiten mit der Flex einmal durchgeschnitten haben soll (dann ginge es nämlich nicht um die Aufteilung des Hausrats, sondern um Schadensersatz).

Besser gefällt uns da schon die Idee eines Designer-Freundes von uns, der – aus eigener leidvoller Erfahrung – »Trennungsmöbel« entworfen hatte, also solche, die sich für den Fall des Falles leicht halbieren lassen, ganz ohne rabiat zu werden. Aus einem Doppelbett werden ruckzuck zwei Einzelliegen, aus einem großen Tisch zwei kleine. Seine Trennungskollektion war allerdings nicht erfolgreich. Was vermutlich daran liegt, dass Paare, die sich gerade neu einrichten, über Materialien, Farben und Formen nachdenken, aber nicht ernsthaft eine Hausratsaufteilung einkalkulieren.

Das Problem ließe sich spielend so lösen: eine Liste von allem aufstellen, was Ihnen gemeinsam gehört, und dann wählt mal der eine, mal die andere aus – Sofa geht an sie, Esstisch geht an ihn –, so lange, bis jeder eine Hälfte hat.

Manchmal merkt man erst, wie wichtig einem bestimmte Sachen sind, wenn man dabei ist, sie zu verlieren. So geht einem das dann und wann sogar mit Menschen!

Die Neuorganisation des Haushalts muss kein Drama werden. Wie könnten Sie denken, um das Positive an dieser Situation in den Vordergrund zu rücken? Fällt Ihnen etwas ein?

Vielleicht so: »Endlich eine Gelegenheit, sich vom Gerümpel des Alltags zu trennen!«

Und mit diesem (neudeutsch) Downsizing oder Downshifting liegen Sie auch noch voll im Trend!

Bei unserem Umzug vor einigen Jahren in eine nicht einmal halb so große Wohnung haben wir uns selbst in Minimalismus geübt. Ungefähr zwei Drittel unserer vorherigen Besitztümer haben wir zurückgelassen. Das war zuerst ungewohnt, aber nach kurzer Zeit extrem befreiend! Uns fehlt heute nicht ein Stück der weggegebenen Dinge. Im Gegenteil: Nach und nach haben wir noch Weiteres aussortiert, verkauft oder verschenkt. Jetzt kommt es vor, dass uns BesucherInnen fragen: »Wo habt ihr eigentlich all eure Sachen?«

Die Grundweisheit aller EntrümplerInnen lautet: Behalte nur Dinge, die dir entweder nützlich sind oder die dich begeistern!

Falls Sie befürchten, zu schnell zu viel auszusortieren, arbeiten Sie doch mit der »Rauskiste«. Da kommt alles rein, was auf der Brauch-ich-wahrscheinlich-nicht-wirklich-Liste steht. Wenn Sie sich drei oder vier Wochen lang für nichts aus der »Rauskiste« mehr interessiert haben, kommt der ganze Krempel endgültig weg.

Und mal im Ernst: Wann haben Sie das Fondue-Set zuletzt benutzt? Und wie begeistert sind Sie noch über die Schnitzereien, die Sie im letzten Urlaub unbedingt haben mussten? Der köstliche Rotwein der Taverne auf Kreta schmeckt nur dort so wunderbar, und genauso verhält es sich mit vielen Urlaubsmitbringseln. Einmal nach Deutschland gebracht, wirken sie oft ziemlich deplatziert.

Apropos Urlaub: Ihre gefühlt 50 000 Fotos können Sie inzwischen äußerst platzsparend digital aufbewahren und sogar Bücher füllen nicht mehr zwangsläufig ganze Regalwände, sondern nur noch ein schmales, stylishes Lesegerät.

Übrigens: Auch Kleidung (die allerdings nicht zum Hausrat gehört, sondern zu den persönlichen Gegenständen) lässt sich ziemlich gut reduzieren, wenn man sich auf ein bestimmtes Farbschema einlässt (zum Beispiel Rot-Schwarz-Weiß). Dann passt plötzlich alles untereinander zusammen, und der morgendliche Seufzer »Ich hab nichts anzuziehen« entfällt. Das ist vielleicht mehr ein Frauenthema, aber uns hat die Geschichte einer New Yorkerin beeindruckt, die beschlossen hatte, nur noch in ihrer »Arbeitsuniform« ins Büro zu gehen. Diese bestand aus einem schwarzen Hosenanzug und einer weißen Seidenbluse (jeweils in dreifacher Ausfertigung). Seitdem hat diese Frau viel mehr Zeit und deutlich weniger Stress.

Was die Möbel angeht, scheint die Zeit der Erbstücke mehr oder weniger vorbei zu sein. Man muss heute nicht mehr die Aufsatzanrichte von Tante Adelheid in Ehren halten, wenn man es nicht will.

Gute, bewährte Möbelstücke, die der/die andere mitgenommen hat, lassen sich relativ leicht und zu günstigen Preisen beim großen schwedischen Möbelhaus ersetzen. Alles andere findet man jeweils im Januar eines Jahres beim Haushaltswaren-Sale oder ganzjährig bei eBay.

Eine weitere Grundweisheit aller EntrümplerInnen lautet: *one in, one out* (eins rein, eins raus). Bei Anwendung dieser Regel, etwas Neues nur zu kaufen, wenn gleichzeitig etwas Altes aussortiert wird, schaffen Sie es ein für alle Mal, Ihre Besitztümer einigermaßen überschaubar zu halten.

Letztlich sind es sowieso nicht die Dinge, die das Leben so lebenswert machen, sondern die Freundschaften. Und damit sind wir gleich beim nächsten Punkt.

Alte und neue Freunde

Manchmal warten Menschen, die eigentlich nicht (mehr) zusammenpassen, so lange mit der Trennung, weil sie befürchten, ohne Ehepartner/in einsam zu sein. Doch sagen Sie selbst, können Sie einsamer sein als neben einer Person, die von Ihnen nicht mehr wirklich etwas wissen will und die Sie nicht versteht?

Nach sechsjähriger Partnerschaft reden Eheleute durchschnittlich nur noch zehn Minuten täglich miteinander, sagen einige Statistiken. Zieht man davon die Absprachen über Einkäufe, den notwendigen Brief an die Krankenversicherung oder den Geburtstag von Opa ab, bleibt kaum noch etwas übrig. Schlimmstenfalls wird in den kompletten zehn Minuten gestritten!

Eine Scheidung kann der Beginn neuer, wunderbarer Freundschaften sein. Zuallererst vielleicht sogar der Freundschaft zu sich selbst.

Allerdings kommt man nach einer Trennung nicht darum herum, sich erst einmal an das Alleinleben – zumindest an das Alleinwohnen – zu gewöhnen. Das kann traurig sein. Falls Sie diese Trauer erleben, brauchen Sie sie nicht zu unterdrücken. Achten Sie nur darauf, anderen Gefühlen daneben Raum zu geben: der Erleichterung, dass die schlimmsten Streitereien vorbei sind; dem Stolz, sich zur notwendigen Trennung endlich durchgerungen zu haben; der Neugier, was das Leben Ihnen noch zu bieten hat; dem aufregenden Gefühl, wieder Single – wie zuletzt mit 19 – zu sein.

Verfallen Sie nicht dem klassischen Denkfehler des Alles-oder-Nichts (»Das war's, ich werde einsam und unglücklich sterben«). Ja, Ihre Ehe ist vorbei, aber Sie haben zwei süße Kinder. Ja, Ihre Frau ist mit einem anderen über alle Berge, aber Sie werden ebenfalls eine neue Liebe finden. Ja, Sie haben jetzt weniger Geld, aber Ihr Job macht Ihnen viel Spaß. (Oder was sonst auf Sie zutreffen mag.)

Statt sich eine schlechte Zukunft vorauszusagen, schauen Sie lieber zuversichtlich nach vorne. Was könnte Schönes auf Sie warten? Wozu könnte die Scheidung vielleicht gut sein?

Das Unbehagen, allein zu sein, könnte uns angeboren sein. Die Urmenschen waren tatsächlich verloren, wenn sie aus der Gruppe ausgestoßen wurden. Diese Zeiten sind zum Glück längst vorbei. Geblieben ist nur noch eine gewisse anfängliche Beklemmung, bis man merkt, dass man auch allein sehr gut überleben kann.

Als Single zu leben ist (besonders in den großen Städten) heute weitverbreitet. Viele lieben diese unabhängige Lebensform. Sie hat ja auch durchaus Vorteile. Man muss sich nicht abstimmen. Man kann spontan hierhin und dorthin gehen, darf endlich ans Meer reisen und muss nicht mehr in die Berge fahren. Man kann seine Socken herumliegen lassen, ohne gerügt zu werden, oder darf so pingelig sein, wie man will, ohne sich dem Vorwurf der Zwanghaftigkeit ausgesetzt zu sehen.

Man ist frei. Doch plötzlich beschleicht einen die Angst davor. Was will man mit dieser Freiheit eigentlich anfangen? Zweifel kommen auf. Was ist, wenn sich die schönsten Träume nicht erfüllen?

Dann sehnt man sich vielleicht in die Vergangenheit zurück, als der/die andere einem sagte, was zu tun ist. Man trug keine Verantwortung (nur die, sich diese Anweisungen bieten zu lassen!) und konnte ordentlich rummeckern. Man konnte der

PartnerIn vorwerfen, keine Ahnung zu haben, und behaupten, dass man selbst, wenn man nur dürfte, alles viel besser regeln würde. Aber diese trügerische Sehnsucht hilft einem nicht weiter. Die Freiheit will genutzt sein.

Um neue FreundInnen zu finden, bleibt uns nichts anderes übrig, als aktiv zu werden. Die Zeiten, wo immer jemand da war, sind vorbei. Und das Zusammenleben mit den Kindern ersetzt nicht ein erwachsenes Gegenüber. Für einige fühlt sich diese ungewohnte Rolle an wie zuletzt als Teenie, wo wir etwas ungelenk in der Ecke standen in der Hoffnung, dass der/die Richtige guckt und uns entdeckt.

Wieder eine Möglichkeit, Defizite auszugleichen, die wir mit in die Ehe geschleppt haben! Falls das Ihr Thema sein sollte, ist jetzt die Gelegenheit zu lernen, wie Sie mit anderen in Kontakt und ins Gespräch kommen. Viele Wege führen dahin. Gehen Sie wenigstens einmal wöchentlich unter Leute. Vielleicht graben Sie ein altes Hobby wieder aus, das Sie mit anderen ausüben können. Halten Sie die Augen offen, damit Sie merken, wenn interessante Menschen positiv auf Sie reagieren.

Zum Glück entfernen sich ja nicht zwangsläufig die alten FreundInnen von Ihnen, auch wenn sich der eine oder die andere auf die Seite Ihres/Ihrer Ex schlägt. Es gibt auch andere Beispiele: Manchmal hält zum Beispiel die Freundschaft zur Schwiegermutter länger als die Liebe zu deren Sohn oder Tochter.

Sie können die Scheidung dazu nutzen, sich Ihre Bedürfnisse wieder ein Stück klarer zu machen. Was brauche ich? Mit wem fühle ich mich richtig wohl? Auf welche Aktivitäten möchte ich nicht verzichten? Welche Eigenschaften schätze ich an Menschen besonders und welche nicht?

Stellen Sie Ihren Radar auf Menschen ein, die Ihnen guttun. Und vielleicht wird aus einer Ihrer neuen Freundschaften sogar Liebe.

Das liebe Geld

Sollten Sie zu denen gehören, die für die gemeinsamen Kosten wie Miete, Hypothek, Auto, Kindesunterhalt und so weiter allein aufgekommen sind, während der/die andere sein etwa gleich hohes Einkommen für sich behalten hat, dann erweist sich die Trennung für Sie wahrscheinlich als finanzieller Gewinn. Und beim nächsten Mal überlegen Sie es sich lieber zweimal, ob Sie sich wieder ausnutzen lassen möchten. Der Ehe hat es offenbar nicht gutgetan.

In allen übrigen Fällen, und das ist die große Mehrheit, bedeutet eine Scheidung, mit weniger Geld auskommen zu müssen. Zwei Haushalte statt einem zu finanzieren ist schlicht und einfach teurer.

Manchmal kann das zu harten Einschnitten führen. Sie müssen vielleicht auf Dinge verzichten, die Ihnen wichtig sind, weil Sie sich diese nicht mehr leisten können. Verzichten tut niemand gern. Andererseits kann dies zu völlig neuen Erkenntnissen führen.

Die Glücksforschung sagt, dass dann, wenn ein gewisser materieller Mindestbedarf gedeckt ist, das Glücksgefühl durch mehr Geld nicht zunimmt. Das ist für die meisten von uns schwer zu glauben. Suggerieren die Lifestyle-Magazine nicht Woche für Woche, dass es nichts Schöneres gibt, als reich und berühmt zu sein, um dann auf roten Teppichen im Blitzlichtgewitter der internationalen Boulevardpresse zu stehen? Sind Statussymbole wie Häuser, Autos, Gold und Juwelen etwa nicht das Nonplusultra? Wurde uns nicht immer eingeredet, das Streben nach Geld sei dasselbe wie das Streben nach Glück?

Doch selbst die Glamour-Magazine verschweigen nicht die Kehrseite des Ruhms: Weltstars, die in die Alkoholsucht abrutschen, die ihre zahlreichen Neurosen auf immer neue, bizarre Weisen ausleben und am Ende im schlimmsten Fall einsam in einem Hotelzimmer an einer Überdosis falschen Lebens sterben.

Und heute wissen wir auch, warum das gar nicht anders sein kann. Weil eben nicht die Ereignisse unsere Gefühle bestimmen, sondern unsere Gedanken. Geld macht reich, sonst nichts. Wenn wir 100 000 Euro gewinnen, aber neidisch nach der Person schielen, die das 500 000-Euro-Los gezogen hat, ist die Freude über den Gewinn schon mindestens halbiert. Wenn wir dagegen eine Münze auf der Straße entdecken und sie mit dem Gedanken einstecken: »Was bin ich doch für ein Glückspilz!«, geht unsere Laune steil nach oben.

Nicht im Rampenlicht stehen die Menschen, die mit vergleichsweise wenig Geld und Besitz beweisen, dass ein zufriedenes, erfülltes Leben nicht von materiellen Werten abhängt. Eine neue Bewegung ist zum Beispiel die sogenannte Share-Economy. Warum nicht Dinge teilen statt kaufen? Warum nicht Fähigkeiten tauschen, statt Geld dafür auszugeben? Nebenbei lernt man so vielleicht noch nette Leute mit ähnlichen Interessen kennen.

Wahrscheinlich war es noch nie so einfach, mit relativ wenig Geld zufrieden zu sein. Damit wollen wir keineswegs der Armut das Wort reden. Jeder Mensch braucht ein bedarfsdeckendes Grundeinkommen. Wir möchten nur der Überzeugung entgegentreten, dass ohne Moos nichts los sei.

Hier einige Beispiele: Man kann in öffentlichen Bibliotheken gegen eine geringe Gebühr Bücher ausleihen oder im Internet Millionen Werke ausgesprochen günstig antiquarisch erwerben. Man kann bei YouTube kostenlos seine Lieblingsmusik hören. Dort steht einem eine gigantische Jukebox zur Verfügung. So viel Zeit hat man gar nicht, das alles zu hören. Man kann bei eBay für »ein paar Taler« Traumstücke jeder Art ersteigern, die andere loswerden wollen. Oder man macht sich einen Sport daraus, bei schönen Dingen erst dann »zuzuschlagen«, wenn diese online oder in den Läden dreimal reduziert wurden.

Die Erinnerung an Zeiten, in denen man wenig Geld hatte und trotzdem glücklich war, kann Wunder wirken. Alle, die nicht mit einem silbernen Löffel im Mund geboren wurden, fangen mit wenig an. Kreativität ersetzt Geld. Hatte man damals nicht das Gefühl, dass einem die Welt offensteht? Brauchte man mehr als außergewöhnliche Ideen und ein paar Eimer Farbe? Hat diese notwendige Findigkeit nicht mehr Spaß gemacht als später der langweilige Bürojob mit dem dicken Einkommen? Kann ein goldener Käfig die Freiheit ersetzen?

Die Scheidung ist eine Gelegenheit, darüber nachzudenken.

Glückliche Scheidungskinder

Eigentlich ist die Bezeichnung »Scheidungskinder« Unsinn.

Es ist eine Etikettierung. Die Tatsache, dass Eltern sich trennen und scheiden lassen, macht deren Kinder nicht zu »Scheidungskindern«, sondern die Eltern zu geschiedenen Erwachsenen. Nicht mehr und nicht weniger.

Vielleicht kommt Ihnen das spitzfindig vor. Aber unterschätzen Sie nicht die Wirkung von Etikettierungen.

Früher wurden Kinder, deren Eltern nicht verheiratet waren, als »unehelich« abgestempelt. Das galt damals als großer Makel. Die Vorsilbe »un-« klang wie un-heimlich, un-geheuer, un-artig. Dabei war an den Kindern nichts falsch. Ab 1998 ist der Gesetzgeber deshalb dazu übergegangen, einfach zu sagen, wie es ist, nämlich »Kinder, deren Eltern nicht miteinander verheiratet sind«, ein wenig umständlicher, aber treffend. Die Unterscheidung zwischen ehelichen und nichtehelichen Kindern wurde endlich abgeschafft.

Schauen wir uns aber die Kinder, deren Eltern verheiratet sind und sich scheiden lassen, genauer an.

Was soll bloß aus meinem Kind/meinen Kindern werden?

Diese Frage bewegt viele Mütter und Väter, die über eine Scheidung nachdenken, am allermeisten.

Stimmt es, dass sogenannte Scheidungskinder im Gegensatz zu Kindern aus »intakten« Elternhäusern lebenslang mit Problemen zu kämpfen haben, die sie ohne die Trennung ihrer Eltern nicht hätten?

Und wenn ja, wäre es dann nicht unverantwortlich, den Töchtern und Söhnen eine solche Hypothek auf die Schultern zu laden?

Oder ist es möglich, dass Kinder nach der Scheidung ihrer Eltern genauso glücklich aufwachsen wie vorher? Und was können Sie dafür tun?

Eine viel beachtete Studie zu der Frage, welche Auswirkungen die Scheidung ihrer Eltern auf Kinder hat, begann 1971 die amerikanische Psychologin Judith Wallerstein (1921–2012). Sie begleitete 131 Kinder von 60 geschiedenen Elternpaaren 25 Jahre lang. Vielen der von Wallerstein untersuchten Kinder ging es direkt nach der Scheidung nicht gut.

Was Wallerstein jedoch überraschte, war, dass sich 10 bis 15 Jahre später die Hälfte der interviewten Kinder zu leistungsschwachen, selbstunsicheren und unzufriedenen Erwachsenen entwickelt hatte. Sie hatten deutliche Schwierigkeiten, dauerhafte, befriedigende Partnerschaften einzugehen.

Gleichwohl äußerte sich Wallerstein im Rückblick: »Wenn Menschen mich fragen, ob sie wegen des Kindeswohls verheiratet bleiben sollten, sage ich: selbstverständlich nicht.« (zitiert nach *New York Times* vom 20.6.2012). Eine gut geplante Scheidung könne Kinder lehren, wie Probleme mit Geduld, Klugheit und angemessenem Handeln gelöst werden könnten.

Vorgeworfen wurde Wallerstein, dass die Anzahl von 131 Minderjährigen viel zu klein sei, um als repräsentativ gelten zu können, und dass sie keine Vergleichsgruppe von Kindern untersucht hatte, deren Eltern zusammenblieben. Außerdem war lediglich die Hälfte der Kinder in ihrem Lebensglück beeinträchtigt, die andere Hälfte nicht. Das heißt also, dass die Schwierigkeiten keine zwangsläufige Folge der Scheidung sind. Sonst hätten alle 131 untersuchten Kinder dauerhaft darunter leiden müssen.

Sie wissen ja: Nicht die äußeren Umstände entscheiden über das Wohlbefinden, sondern die innere Bewertung dieser Umstände. Es kommt also darauf an, Kinder wirksam dabei zu unterstützen, konstruktiv mit der neuen Lebenssituation umzugehen. Und das funktioniert am besten, wenn Sie Ihren Kindern diese Fähigkeit nicht (nur) verbal vermitteln, sondern praktisch vorleben.

Der Schweizer Kinderarzt und Bestsellerautor Remo Largo bringt es auf den Punkt: »Wenn es den Eltern nach der Trennung gut geht, geht es auch den Kindern gut.«

Sie tun also nichts Egoistisches, wenn Sie für sich sorgen, sondern Sie sichern damit das Wohlergehen Ihrer Söhne und Töchter.

Sie schaffen die besten Voraussetzungen, dass auch Ihre Kinder zufrieden sind, wenn Sie die Trennung nicht als Katastrophe, sondern als sinnvolle Folge des Auseinanderlebens, vielleicht sogar als Befreiung bewerten; wenn Sie die Scheidung nicht als Scheitern betrachten, sondern als Chance und als einen der vielen Neuanfänge im Leben; wenn Sie nicht die mögliche Geldknappheit beklagen, sondern das Ende der Streitereien feiern und überhaupt weniger das beklagen, was Sie verloren, sondern würdigen, was Sie gewonnen haben. Die wesentliche Frage aber, auf die Scheidungseltern eine Antwort finden sollten, ist: Welche Bedürfnisse haben meine Kinder und wie kann ich diese – auch nach der Trennung – befriedigen?

Kinder benötigen eine, besser sogar mehrere verlässliche Bezugspersonen. Sie müssen versorgt werden. Sie wollen sich angenommen und geborgen fühlen. Sie brauchen Raum (nicht Quadratmeter!) und Unterstützung, um sich entwickeln zu können.

Sind diese körperlichen und psychischen Grundbedürfnisse nach einer Scheidung erfüllt, geht es den Kindern gut. Fehlt es an diesen Voraussetzungen, leiden sie.

Hüten sollte man sich davor, auftauchende Probleme allein auf die Trennung zurückzuführen. Auch hier ist es sinnvoll, sich zu fragen: Wo ist der Beweis, dass sich mein Kind wegen meiner Scheidung mit irgendetwas schwertut? Woher weiß ich, dass diese Schwierigkeiten nicht unabhängig davon aufgetreten wären?

Die Erwartungen an Eltern (und ganz besonders an Mütter), ihre Kinder ständig glücklich machen zu müssen, sind heute enorm hoch. Lassen Sie sich von diesem Erwartungsdruck nicht nervös machen. Auch Eltern dürfen – wie alle anderen Menschen – Fehler machen.

Wichtiger als die Klärung, warum ein Problem entstanden ist, ist außerdem immer die Frage: Wie kann ich es lösen?

Scheuen Sie sich nicht, hierbei fachkundige Hilfe in Anspruch zu nehmen. Es gibt mittlerweile eine Fülle von guten Beratungsangeboten der Jugendämter oder von freien Trägern, die sich mit eventuellen Problemen Ihrer Kinder auskennen. Sich dort Unterstützung zu holen zeigt, dass Sie besonders engagiert sind und Ihre Elternverantwortung vorbildlich wahrnehmen. Es ist also – auch in einem eventuellen Streit um das Aufenthaltsbestimmungs- oder Sorgerecht – ein Pluspunkt für Sie!

Und wo wir schon bei den gerichtlichen Auseinandersetzungen sind: Machen Sie sich keine Sorgen, Ihr Kind könne beim Familiengericht Schaden nehmen. Das ist nicht gerechtfertigt. Inzwischen sind die Richterinnen und Richter so gut geschult, dass sie auf kindgerechte, entspannte Weise mit Ihrem Nachwuchs sprechen (unter Ausschluss der anderen Verfahrensbeteiligten!). Und oft haben die Erwachsenen mehr Lampenfieber vor einem gerichtlichen Termin als die Kinder der Generation YouTube.

Wir wünschen Ihnen, dass Sie die Frage, wo Ihre Kinder nach der Scheidung leben sollen (bei einem oder im Wechsel bei beiden Elternteilen) einvernehmlich regeln können. Aber manchmal gelingt eine gütliche Einigung eben nur mit Unterstützung des Familiengerichts. Das ist kein Drama.

Der schon zitierte Remo Largo weist noch auf einen weiteren Gesichtspunkt hin, der vielleicht zunächst überrascht: Kinder brauchen nicht ihre leiblichen Eltern, sondern zugewandte Erwachsene, die sich um sie kümmern und auf die Verlass ist. Es geht nicht um die biologische Abstammung, sondern um die praktische Sorge. Das heißt auch, dass Kinder einen Elternteil nur dann vermissen, wenn sie es gut mit ihm gehabt haben, wenn er Bedürfnisse erfüllt hat, die andere Personen nicht erfüllen wollen oder können. Menschen sind in diesem Sinne für ihren Nachwuchs austauschbar. Das mag das Ego der Eltern kränken, ist aber – richtig verstanden – eine tröstliche Nachricht.

Es bedeutet zum Beispiel auch, dass Verwandte und Freunde des sich trennenden Paares einen wichtigen Beitrag dazu leisten können, dass Kinder die Trennung gut verkraften. Die Großmutter oder der Großvater, die zur Stelle sind, wenn sie gebraucht werden, der Bruder, der seine Nichten und Neffen zum Sport kutschiert, oder die Freundin, bei der die Kinder hin und wieder übernachten dürfen, damit Mutter oder Vater Zeit für sich haben, sind eine Wohltat für die Kleinen.

Und das Wichtigste:
Mit der Scheidung trennen Sie sich zwar als Paar,
bleiben aber als Eltern noch eine ganze Weile
verbunden. Wenn Sie sich weniger auf die Dinge
konzentrieren, die zur Trennung geführt haben,
und mehr darauf, was für fantastische Kinder Ihnen
zusammen gelungen sind, schaffen Sie das.
Davon sind wir überzeugt.

Mit dem Ex-Partner/ der Ex-Partnerin klug kommunizieren

Miteinander sprechen nach der Trennung

»Wenn wir klug miteinander kommunizieren könnten, wäre unsere Ehe nicht auseinandergegangen«, sagen Sie jetzt vielleicht. Da mag etwas dran sein.

Viele Ehen zerbrechen an Verständigungsproblemen. Die Eheleute kennen keinen Weg, sich konstruktiv zu streiten und unterschiedliche Interessen so zur Geltung zu bringen, dass niemand sich übervorteilt fühlt. Sie äußern ihre gegenseitigen Bedürfnisse nicht. Und manchmal sind sie sich ihrer eigenen Herzenswünsche nicht einmal bewusst.

Im Trubel des Alltags ist das auf der Strecke geblieben, was die beiden Liebenden einmal zusammengeführt hat: das Bedürfnis, den/die andere mit allen einzigartigen Fähigkeiten, kleinen Verrücktheiten und mitgebrachten Verletzungen aus der Vergangenheit zu verstehen und zu unterstützen.

Von dem ursprünglichen Wunsch, Seelengefährten zu werden und möglichst viel Spaß mit- und aneinander zu haben, ist nach einer Trennung meist nichts mehr übrig. Das macht es nicht gerade einfacher, sich nun auseinanderzusetzen und Lösungen zu finden.

Andererseits geht es jetzt nicht mehr um das große Projekt »Und-sie-lebten-glücklich-bis-ans-Ende-ihrer-Tage«, sondern nur noch um die Abwicklung all dessen, was nötig ist, um – ohne größere Blessuren – getrennte Wege zu gehen. Wer dabei emotional intelligent vorgeht, kann das letzte Kapitel der Ehe sogar dann zu einem guten Ende bringen, wenn der Partner nicht mitspielt.

Manche wird das überraschen, weil sie glauben, allein nichts ausrichten zu können. Dabei weiß der Volksmund es schon lange: »Einer spinnt immer, wenn zwei spinnen, ist's schlimmer.«

Wie also kann die Abwicklung der Ehe klug gelingen? Davon handeln die folgenden Abschnitte.

Keine Vorwürfe, es ist vorbei

So groß die Versuchung sein mag, dem/der anderen alle Versäumnisse der Ehezeit noch einmal in einem fulminanten Finale aufzutischen: Es führt nicht weiter. Und das wissen Sie selbst.

Das Scheidungsverfahren dient nicht der Abrechnung. Es geht jetzt nur noch darum, einigermaßen vernünftig und in Würde auseinanderzugehen.

Ihre Ehe hat Ihnen nicht mehr gefallen. Deshalb haben Sie sich getrennt. Oder Ihr/-e Ex sieht keinen Grund mehr, mit Ihnen verheiratet zu bleiben. Das war es dann also.

Immer wieder die alten Geschichten zu erzählen macht keinen Sinn. Es hält Sie nur davon ab, ein neues Leben anzufangen. Schauen Sie lieber nach vorn.

Jede Besprechung zwischen Ihnen und Ihrer einstigen PartnerIn mit einer Tirade über Fehlverhalten, Verletzungen und so weiter einzuleiten, führt garantiert nicht zu einer vernünftigen Lösung. Also behalten Sie das für sich. Wenn Sie wollen, schreiben Sie es in Ihr Tagebuch oder besprechen Sie es mit Ihrer besten Freundin.

Indem Sie Rachegedanken, Vorwurfsspiralen und Jammerschleifen fallen lassen, tun Sie sich selbst etwas Gutes. Groll nagt an Ihnen und führt nie zu einem glücklichen Leben. Außerdem: Wenn wenigstens Sie gelassen bleiben, ist es für

Ihre/-n Ex viel schwerer, seinerseits das Drama am Laufen zu halten.

Seien Sie sich deshalb Ihres eigenen Anteils an jeder Kommunikation bewusst. Zu einem Streit gehören immer zwei. Niemand kann Streit bekommen, wenn die andere Seite das nicht zulässt. Wer auf den Vorwurf »Du willst mir wohl das letzte Hemd rauben?« zum Beispiel antwortet: »Das würde ich niemals tun; sie stehen dir einfach viel zu gut«, hat schon mal den Überraschungseffekt auf seiner Seite. Auch die Erwiderung »Ja, manchmal bin ich wirklich unersättlich« verhindert die vorgezeichnete Eskalation, sofern die andere Seite auch nur einen Hauch Humor besitzt, und eröffnet Raum für etwas Neues.

Probieren Sie einfach aus, wie Sie am besten Ihre/-n Ex zur Vernunft bringen und überflüssige Wortgefechte vermeiden. Im Übrigen ist Streit an sich nichts Schlechtes, wenn man ihn als einen Austausch unterschiedlicher Positionen und nicht als Vernichtungsfeldzug versteht.

Wie Sie inzwischen wissen, steht es jedoch nicht in Ihrer Macht, wie Ihr Partner reagiert. Sie sind nicht dafür verantwortlich, wie Ihr/-e Ex das bewertet, was Sie sagen. Wer sich partout aufregen will, wird das tun. Sie können nur dafür sorgen, dass Sie selbst auf dem Teppich, das heißt gelassen bleiben. Damit haben Sie genug zu tun.

Die sieben Grundregeln kluger Kommunikation

1. Ich-Botschaften senden

Wer hat bessere Chancen, gehört zu werden? Derjenige, der sagt: »Das ist wieder typisch, dass du dir von allem die Sahnestücke unter den Nagel reißen willst!«, oder der, der sagt: »Ich würde sehr gern den Bauernschrank behalten, wenn du die Couch nimmst.«?

Wenn man Ich-Sätze bildet, fällt es einem deutlich schwerer, unsachlich und vorwurfsvoll zu reden. Wer lässt sich schon gern maßregeln und bewerten? Ein Ich-Satz taugt sehr gut als Grundlage für ein zielführendes Gespräch. Außerdem erwecken Ich-Botschaften nicht den Eindruck, die Wahrheit gepachtet zu haben. Sie bringen nur zum Ausdruck, was die Person jetzt, in diesem Augenblick, gerade empfindet oder möchte.

Die Aussage: »Ich fühle mich verletzt, wenn du so sprichst«, führt eher zum Kern der Sache als der Satz: »Wie immer, du bist einfach ein herzloser Idiot!« Ich-Sätze sind glaubwürdiger.

»Ich finde, du bist genauso egoistisch, wie du es immer warst«, ist übrigens keine Ich-Botschaft. Aber das merken Sie bestimmt selbst.

2. Sagen, was man möchte

Wie wollen Sie etwas bekommen, wenn Sie nicht sagen, was Sie möchten? Niemand kann Ihnen Ihre Wünsche von den Augen ablesen, auch wenn Sie das manchmal sehr gern so hätten.

Das klappt schon nicht in einer Ehe, umso weniger bei einer Scheidung. Also seien Sie sehr direkt. Sagen Sie ohne Umschweife, was Sie haben wollen, selbst wenn Ihnen das schwerfallen sollte.

Warum ist das Äußern von Wünschen überhaupt so schwierig? Die meisten Menschen glauben, mit einem Nein nicht umgehen zu können. Aber Sie wissen ja: Es ist nicht das Nein, das Sie wütend oder traurig macht, sondern es sind die Gedanken, die Sie nach einer Absage entwickeln. Wenn Sie denken: »Ohne die Erfüllung meines Wunsches bin ich geliefert«, sind Sie deprimiert. Mit dem Gedanken »Ich habe einen Anspruch darauf, weil alles in der Welt genau so laufen muss, wie ich das will« machen Sie sich nur wütend. Wenn Sie sich dagegen sagen: »Okay, das hat nicht geklappt. Jetzt versuche ich etwas anderes«, bleiben Sie gelassen. Im Prinzip ganz einfach.

Manchmal weiß man selbst noch nicht, was man will. Oder man möchte sich nicht festlegen. Das ist in Ordnung. Aber man sollte dann die Verantwortung für die eigene Unentschiedenheit übernehmen und sich nicht wundern, wenn man leer ausgeht. Sonst wäre es doch die bessere Alternative, sich rechtzeitig zu überlegen, worauf es einem ankommt.

Schließlich sind da noch diejenigen, die glauben, die Erfüllung ihrer Wünsche nicht verdient zu haben. Meist ist ihnen als Kind eingeredet worden, sie seien egoistisch oder nichts wert. In diesem Fall ist es höchste Zeit, sich eine andere Einstellung zuzulegen. Jeder hat das Recht, sich etwas zu wünschen. Wer nichts fordert, hat schon verloren.

Wünsche sind per se weder gut noch schlecht. Man äußert damit einfach eine Vorliebe. Nur indem man Farbe bekennt, schafft man sich die Chance, das Gewünschte zu bekommen.

Vieles wäre einfacher, wenn Menschen offen und selbstsicher miteinander kommunizieren würden. Auf diese Weise bliebe allen viel Drumherumgerede und Rätselraten erspart. Bevor man überhaupt einen vernünftigen und tragfähigen Kompromiss schließen kann, müssen die Wünsche erst einmal auf den Tisch.

3. Sagen, warum man es möchte

Eine nachvollziehbare Begründung macht die Erfüllung eines Wunsches wahrscheinlicher. Wem leihen Sie lieber Ihr Fahrrad? Demjenigen, der sagt: »Gib mir mal dein Rad!«, oder dem, der sein Anliegen begreiflich macht: »Könnte ich dein Fahrrad für eine Stunde haben? Dann kann ich für meine Tante noch den Strauß Kornblumen besorgen, die sie so gern mag. Zum Blumenladen zu laufen, schaffe ich nicht mehr!«

Gute Argumente überzeugen. Leider halten sich Frauen oft immer noch für weniger redegewandt als Männer. Dabei geht es beim Argumentieren überhaupt nicht darum, den ersten Preis im Debattierclub zu gewinnen, sondern darum, auf authentische, glaubwürdige Weise die eigenen Bedürfnisse herüberzubringen. Es kann sogar wesentlich wirkungsvoller sein, stockend und nach Worten suchend die eigene Situation zu beschreiben, als aalglatt und irgendwie abgehoben ein Feuerwerk an rhetorischen Tricks zu zünden.

Auch für Sie selbst ist es hilfreich, sich zu überlegen: Warum will ich das eigentlich? Sobald Sie sich über die Gründe klar sind, können Sie sie auch äußern.

4. Zuhören

Wie sollen sich zwei Menschen ihre Standpunkte erklären, wenn sie sich spätestens nach drei Sätzen unterbrechen? Auch wenn Sie glauben, schon zu wissen, was der andere sagen will, gilt dennoch die Grundregel: Lassen Sie ihn ausreden.

Geben Sie der anderen Seite die Möglichkeit, in Ruhe ihre Position darzustellen. Vielleicht erfahren Sie doch noch etwas Neues dabei. Aber selbst wenn der andere genau das sagt, was Sie erwartet haben, ist das Ausredenlassen vorteilhaft. Indem er sich einfach etwas von der Seele reden kann, wird er zugänglicher. Wir wissen doch alle, wie wohltuend es ist, gehört und vielleicht sogar verstanden zu werden. Sind wir den Menschen, die sich darum bemühen, nicht dankbar für dieses Entgegenkommen und begegnen ihnen dadurch viel aufgeschlossener?

Achten Sie auch darauf, was Ihr Gegenüber durch seine Mimik und seine Gesten zum Ausdruck bringt. »Man kann nicht *nicht* kommunizieren«, sagte der amerikanische Psychologe Paul Watzlawick. Und er hat recht. Schweigen, Stirnrunzeln, Sich-Wegdrehen oder Die-Arme-Verschränken kann sehr beredt sein. Durch das Lesen der Körpersprache und Spüren der Schwingungen (Intuition) erhalten Sie zusätzliche Informationen.

Nehmen Sie selbst eine offene, wohlwollende (Körper-)Haltung ein und nutzen Sie das Zuhören als wichtigen Schritt zu einem guten Verhandlungsergebnis.

5. Akzeptanz

Der Begründer der Gestalttherapie, Fritz Perls, hat es ganz klar ausgedrückt:

»Ich mache mein Ding, und du machst dein Ding.

Ich bin nicht auf der Welt, um deinen Erwartungen gerecht zu werden, und du bist nicht hier, um meinen gerecht zu werden.

Du bist du, und ich bin ich.

Wenn wir zufällig zueinanderfinden, ist das wunderbar. Wenn nicht, ist da nichts zu machen.«

Wir hätten alle weniger Probleme miteinander, wenn wir akzeptieren könnten, dass wir grundsätzlich verschieden sind und es keineswegs selbstverständlich ist, dieselben Interessen, Meinungen und Weltanschauungen zu haben.

Die anderen sagen Ihnen die Wahrheit – so wie sie sie sehen! Sie müssen das Gesagte weder glauben noch gutheißen. Jeder Mensch tut sein Bestes – was auch immer er im Einzelfall darunter versteht. Das muss Ihnen nicht gefallen. Und Sie brauchen sein Verhalten auch nicht nachzuahmen.

Aber Sie tun gut daran, Ihre Mitmenschen mit ihrer Sicht der Dinge und mit ihren Eigenarten zu akzeptieren. Nicht weil Sie sie unbedingt toll finden, sondern einfach nur, weil sie so sind, wie sie sind. Dadurch werden Sie viel entspannter. Und das ist die beste Voraussetzung für eine gute Kommunikation.

Bei der klugen Kommunikation geht es darum, der anderen Seite dieselben Rechte zuzugestehen, die man für sich selbst in Anspruch nimmt.

Sie erwarten Respekt? Dann bringen Sie dem anderen Respekt entgegen. Dieser verhält sich Ihnen gegenüber nicht respektvoll? Achten Sie ihn trotzdem; denn was wäre die Alternative? Dass Sie sich wie zwei Schimpansen die Zähne zeigen und mit Dreck bewerfen? Wo soll das enden?

Normalerweise schafft man ein gutes Gesprächsklima, wenn man den anderen auch dann noch versteht, wenn man völlig anderer Meinung ist. »We agree to disagree«, heißt es im Englischen. Man einigt sich darauf, dass man sich nicht einigen kann, und übergibt den Streit dem Familiengericht zur Entscheidung.

6. Grenzen setzen

Trotz Ihrer besten Bemühungen, Ich-Botschaften zu senden, mitzuteilen, was Sie möchten und warum, zuzuhören und zu akzeptieren, kann es sein, dass Ihr/-e Ex anfängt, Sie zu beleidigen oder Ihnen zu drohen. In diesem Fall hilft nur eines: klare Grenzen zu setzen. »Ich lasse nicht so mit mir reden. Ruf mich wieder an, wenn du dich beruhigt hast«, oder: »So kommen wir nicht weiter. Ich gehe jetzt. Wenn du bereit bist, zivilisiert über die Sache zu reden, sag mir Bescheid.«

Brüllen, Einschüchtern, Drohen, Beleidigen sind absolut inakzeptabel. Einerseits braucht man es in einem Streit nicht unbedingt überzubewerten, andererseits muss man es aber auch nicht einfach hinnehmen. Machen Sie klar, wo für Sie die Grenze liegt, und das am besten so früh wie möglich. Sonst besteht die Gefahr, dass der andere den Respekt vor Ihnen immer mehr verliert und sein Verhalten zunehmend eskaliert.

Sollten Sie dies zu Beginn der Trennung oder schon während der Ehezeit versäumt haben, räumen Sie freimütig ein, dass Sie insofern einen Fehler gemacht haben, dass Sie aber nicht länger bereit sind, derart unangemessene Verhaltensweisen zu tolerieren.

Falls ein vernünftiges Gespräch trotz aller Versuche einfach nicht möglich ist, unterhalten Sie sich über die AnwältInnen. Dafür sind diese ja da. Persönlich sehen Sie sich nur noch vor dem Familiengericht. Das reicht in solchen Fällen.

7. Eine Auszeit nehmen

Und falls Sie selbst es sind, bei dem/der die Sicherung durchbrennt, ziehen Sie den Stecker. Bitten Sie einfach um eine Pause, um sich einen Moment lang zurückziehen und beruhigen zu können. Oder schlagen Sie vor, die Angelegenheit zu vertagen. Das ist auf jeden Fall nützlicher, als durch unbeherrschte Ausbrüche Kompromisse zu erschweren oder unmöglich zu machen.

Immer mal wieder ist von trickreichen Manipulationen zu lesen, mit denen man die Gegenseite garantiert über den Tisch ziehen und sich so unverschämte, aber angeblich gerechtfertigte Vorteile bei der Scheidung verschaffen könne. Davon raten wir ab. Zum einen werden solche Tricks überschätzt. Sie funktionieren auf dem Papier besser als in der Realität. Die anderen sind ja nicht blöd.

Zum anderen sind wir davon überzeugt, dass solche Überrumpelungstechniken – wenn überhaupt – nur kurze Zeit wirken. »Man sieht sich immer zweimal im Leben« – diese Weisheit hat viel für sich. Sie machen sich Ihr Leben nicht leichter, wenn Sie verbrannte Erde hinterlassen und sich FeindInnen schaffen, die nur darauf warten, sich im geeigneten Moment zu rächen. Dieser Moment kommt oft früher als gedacht.

Leider gibt es auch kein Zaubermittel, das in jedem Fall und mit jedem Menschen zu fairen, konstruktiven Gesprächen führt. Die Anwendung der sieben Grundregeln kluger Kommunikation erhöht aber die Wahrscheinlichkeit deutlich, dass Sie mit oder ohne Hilfe Ihres Ex-Partners vernünftige Lösungen für alle zu regelnden Fragen finden.

Verhandeln

Verhandeln ist die Kunst, etwas zu geben, um etwas zu bekommen. Im Vordergrund stehen diese Fragen:

- Was ist zu regeln?
- Was sind meine Ziele?
- Was ist mir das Wichtigste?
- Worauf könnte ich verzichten?
- Was könnte ich der anderen Seite anbieten?

Wenn Sie diese Fragen beantworten können, sind Sie fit, um in den Ring zu steigen. Im besten Fall bekommen beide Seiten das, was sie brauchen.

Oben haben wir die sieben Grundregeln einer klugen Kommunikation angeführt. Diese können Sie beim Verhandeln gut gebrauchen.

Kluges Verhandeln hat viel mit selbstsicherem Verhalten zu tun. Wer selbstsicher ist, lässt sich nur schwer entmutigen und bringt eine gehörige Portion Beharrlichkeit mit.

Andererseits hat ein selbstsicherer Mensch es nicht nötig, auf Positionen allein aus Machtaspekten zu beharren. Wenn Sie das Vertrauen haben, das zu erreichen, was wirklich wichtig ist, sind Sie entspannter und damit flexibler. Wer einen offenen Blick für Möglichkeiten besitzt, hat die besten Chancen, Lösungen auch da zu entdecken, wo andere nur Probleme sehen.

Falls Sie (noch) nicht selbstsicher genug sind, Ihre Interessen durchzusetzen, können Sie es werden. Manuel J. Smith hat in seinem hervorragenden Buch *Sage nein ohne Skrupel* unter anderem die geniale Verhandlungstechnik »Platte mit Sprung« beschrieben. Hier ein Beispiel:

A: »*Um die Kinder gut betreuen zu können, möchte ich spätestens um 15 Uhr zu Hause sein. Mit der Teilzeitstelle verliere ich allerdings 500 Euro. Diese Summe hätte ich gern als Ehegattenunterhalt von dir.*«

B: »*500 Euro sind viel zu viel. Da bleibt ja für mich nichts mehr übrig.*«

A: »*Das verstehe ich. Aber wenn ich die Kinder betreuen soll, brauche ich 500 Euro im Monat.*«

B: »*Meine Mutter könnte öfter mal einspringen. Dann kannst du länger arbeiten.*«

A: »*Das ist eine gute Idee, hilft mir aber nicht weiter, weil Oma nicht jeden Tag zur Verfügung steht. Ich brauche einfach die 500 Euro als Ausgleich.*«

B: »*Warum kommst du eigentlich nie mit deinem eigenen Geld aus?*«

A: »*Das werde ich dann schaffen, sobald ich wieder Vollzeit arbeiten kann. Aber zurzeit sind Leo und Marie dafür noch zu klein. Solange das so ist, brauche ich die 500 Euro.*«

Und so weiter und so fort. Sie sehen: »Platte mit Sprung« heißt, die Argumente der anderen Seite zu würdigen und dennoch unbeirrt an der eigenen Forderung festzuhalten. Probieren Sie es aus. Wir haben beste Erfahrungen damit gemacht.

Auch ganz wichtig: Beim Verhandeln ist nicht entscheidend, was die Gegenseite sagt, sondern wie Sie darauf reagieren. Ihre Gedanken – nicht die Äußerungen der anderen – bestimmen Ihre Gefühle.

Ihr Gesprächspartner hat keine Macht über Ihre Emotionen und Ihr Verhalten, es sei denn, Sie räumen sie ihm ein. Wie Sie sich fühlen und was Sie tun, steht allein in Ihrer Verantwortung.

Wenn Ihr Ex-Partner Sie beispielsweise beschuldigt, das Wohl Ihrer gemeinsamen Kinder zu vernachlässigen, ist das einfach seine Meinung. Prüfen Sie, ob an dem Vorwurf etwas dran ist. Wenn nicht, ziehen Sie sich den Schuh nicht an. Nehmen Sie den Vorwurf zur Kenntnis und bleiben Sie gelassen.

Sie haben keinen Anspruch darauf, jederzeit von allen fair behandelt zu werden. Aber Sie brauchen sich davon nicht beeindrucken zu lassen. Niemand, nicht einmal Ihr Ex-Partner, kann Ihnen ein schlechtes Gewissen oder schlechte Laune machen. Das können nur Sie selbst. Und warum sollten Sie das tun?

Zu viert

»Wer bin ich und wenn ja, wie viele?« Das ist durchaus eine berechtigte Frage! Besonders in Situationen, in denen man sich emotional von anderen aufwühlen lässt, kommt zu dem erwachsenen Ich oft noch das kleine, verschreckte innere Kind hinzu. »Ach, das bin ja auch ich!«, stellt man erstaunt fest, wenn man genauer hinsieht.

In manchen Situationen ist man immer noch viereinhalb Jahre alt. Wenn man sein geliebtes Erdbeereis nicht sofort bekommt, reagiert man möglicherweise noch genauso infantil wie damals. Aber heute sind Sie mehr als das Kind von früher. Sie sind auch erwachsen und können (das unglückliche innere Kind) beruhigen und trösten.

Je bewusster Sie sind und je mehr Sie gelernt haben, sich mit allen Teilpersönlichkeiten selbst zu lieben, desto besser kommen Sie im Alltag und besonders in Krisen zurecht. Dann merken Sie, wann das innere Kind sich zu Wort meldet. Das erwachsene Ich kann dann entscheiden, ob es gerade angemessen ist, sich wie eine Fünfjährige zu benehmen.

Aber nicht nur Sie tragen Ihre Kindheit immer noch in sich. Auch Ihr Ex-Partner steht nicht selten unbewusst unter dem Einfluss seines kindlichen – um nicht zu sagen: kindischen – Selbst. Achten Sie in den Gesprächen, die Sie mit Ihrem Ex führen, einmal darauf! Aber sagen Sie es ihm bitte nicht. Das Letzte, was der Dreijährige, der gerade das Kommando übernommen hat, hören möchte, ist, dass Sie ihn erkannt haben. »Sei doch mal erwachsen«: Diesen Satz mochte man mit drei nicht, und der innere Dreikäsehoch hasst diesen Satz immer noch. Oder ist das bei Ihnen anders?

Die Trennungssituation ist leider dazu angetan, alte, nicht aufgelöste Verletzungen, die man als Kind erlitten hat, nach oben zu spülen. »Ich bekomme wieder nicht das, was ich will«, schreit die Siebenjährige in Ihnen plötzlich und fühlt sich mit ihrem Schmerz und ihrer Enttäuschung genauso wie damals.

Gut, dass jetzt wenigstens ein verständnisvoller Erwachsener zugegen ist, der ihr die Situation erklären, sie trösten und ihr helfen kann. Diese Person sind Sie selbst! Denn die Zeit ist weitergegangen. Sie sind nun nicht mehr drei, fünf oder sieben Jahre alt, und Ihnen stehen ganz andere Möglichkeiten zur Verfügung als damals. Nutzen Sie sie.

Da fällt uns die Geschichte von dem kleinen, kranken Mädchen ein, das nur gesund werden wollte, wenn die Eltern bereit wären, ihm den silbernen Mond zu bringen. »Wie sieht der Mond denn aus?«, fragte der Vater. »So groß wie mein Daumennagel«, antwortete das Mädchen, »denn wenn ich meinen

Daumen gegen den Nachthimmel halte, ist der Mond dahinter verschwunden.«

»Und welche Farbe hat der Mond?«

»Na, silber natürlich. Seht doch, wie er leuchtet!« Da holten die Eltern eine kleine versilberte Münze aus ihrer Kommode, gaben sie dem Kind, und es wurde sofort wieder gesund.

Kommt Ihnen der Fünfjährige mit den autoritären Eltern bekannt vor, der sich geschworen hat, sich nie wieder etwas gefallen zu lassen? Auf einmal brüllt er (in Gestalt des Erwachsenen) los: »Hier läuft nichts ohne meine Erlaubnis!« Bleiben Sie ruhig und machen Sie dem Jungen klar, dass Sie seine Wünsche hören und beachten werden, er aber leider nicht mit dem Kopf durch die Wand kann.

Manchmal muss man sich daran erinnern, was der andere tatsächlich gesagt hat, damit man es nicht mit seinen Kinderohren falsch versteht und grundlos alarmiert ist.

Mit Blick auf das Verhandlungsergebnis lohnt es sich, vernünftig zu bleiben. »Vernünftig sein« klingt für einige nicht gut. Warum? Früher meinten die Eltern, wenn sie uns zur Vernunft riefen, etwas ganz anderes, nämlich: »Jetzt wird gemacht, was wir wollen.« Seither steht Vernunft für viele in einem schlechten Licht. Ganz zu Unrecht; denn eigentlich bezeichnet sie die Fähigkeit, Zusammenhänge zu verstehen und einsichtig zu handeln.

Sollte sich das innere Kind überhaupt nicht besänftigen lassen und die Herrschaft über das erwachsene Ich ständig ausüben, muss man vielleicht erkennen, dass das Scheidungsverfahren nicht der passende Ort ist, alte Verletzungen auszuagieren, und sich nach einer geeigneten Therapie umsehen.

Einer spinnt immer

Die Volksweisheit »Einer spinnt immer, wenn zwei spinnen, ist's schlimmer« scheint in Kenntnis der sogenannten Rosenkriege entstanden zu sein. Für die Zeit Ihres Scheidungsverfahrens sollten Sie sich diesen Spruch vielleicht hinter den Spiegel klemmen. Das Augenzwinkern, das in ihm spürbar ist, tut in dieser Phase besonders gut. Auf jeden Fall ist die Trennung eine gute Gelegenheit zu lernen, auch in turbulenten Zeiten den Durchblick zu behalten. Ganz einfach ist das nicht, denn ohne Bewusstheit und Übung fällt es schwer, sich emotional abzugrenzen.

Wer kann schon innerlich ruhig bleiben, wenn der Ex losbrüllt oder bitterlich zu weinen beginnt? Menschen sind so angelegt, durch ihre Spiegelneuronen mit anderen mitzufühlen. Das ist eine große Fähigkeit, die etwa Reptilien völlig abgeht.

Andererseits laufen Menschen deswegen auch Gefahr, sich von den Gefühlen anderer mitreißen zu lassen. Bekannt ist, wie schnell Panik sich in einer Menge ausbreiten kann. Dadurch sind schon etliche Personen ums Leben gekommen. Auch können herzzerreißende romantische Tragödien ganze Kinosäle voller ZuschauerInnen zum Weinen bringen.

Aber wie war das noch mit dem Mitreißen? Es funktioniert nur, wenn Sie Ihren Verstand ausschalten, wenn alte Denk- und Verhaltensmuster das Steuer übernehmen oder wenn Sie sich im Strom der vorherrschenden Emotion treiben lassen. Mit klarem Bewusstsein ist jederzeit autonomes Handeln möglich, auch in den stärksten Gefühlsstürmen. Das sind die Menschen, die bei allgemeiner Panik die Nerven behalten, die KapitänInnen, die das Schiff auch durch die raue See sicher in den Hafen steuern. Im Prinzip kann das jeder (lernen).

Und das Schöne ist, dass positive Änderungen im Denken, Fühlen und Handeln, die Sie vornehmen, immer auch Auswirkungen auf das Beziehungssystem haben: Es fällt der anderen Seite viel schwerer zu spinnen, wenn Sie besonnen bleiben. Die Spiegelneuronen funktionieren in beide Richtungen.

Wir haben gleich am Anfang des Buchs alles zum Mythos »Jede Scheidung ist ein Drama« gesagt. Ein Drama entsteht nur, wenn Sie eines erschaffen, allein oder »in vertrauensvoller Zusammenarbeit« mit Ihrer Ex. Niemand kann Sie in ein Drama verstricken, wenn Sie es nicht zulassen.

Niemand MUSS immer vernünftig sein. Auch Sie nicht. Aber Vernunft ist ein hoher Wert. Es sind die Unvernünftigen, die Kriege führen, die natürlichen Lebensgrundlagen ruinieren sowie sich und allen, die sich nicht schützen können, das Leben zur Hölle machen. Lassen Sie sich ruhig als »verkopft« verlachen. Bleiben Sie trotzdem ruhig, besonnen und klar, mit einem Wort: vernünftig.

Nach der Trennung

Abhängig davon, wie viel Verbindung Sie mit Ihrem Ex nach der Trennung noch haben wollen bzw. haben müssen, können Sie die zukünftige Beziehung unterschiedlich gestalten.

Sind gemeinsame Kinder vorhanden, werden Sie – ganz besonders wenn diese noch minderjährig sind – kaum darum herumkommen, weiter Kontakt zu pflegen. Das ist häufig nicht einfach, wird aber durch eine kluge Kommunikation, wie in diesem Buch beschrieben, erleichtert.

Möglicherweise gehören Sie ja auch zu den geschiedenen

Paaren, die sich, einige Zeit nachdem die Scheidung durch ist, plötzlich wieder besser verstehen. Nicht mehr belastet durch die hohen Erwartungen an eine gute Ehe, können Sie auf einmal wie gute Bekannte viel entspannter miteinander umgehen.

Dinge, die Sie bei Ihrer Ehefrau nicht tolerieren wollten, sehen Sie Ihrer etwas schrulligen Bekannten viel leichter nach. Und da, wo Sie wie in dem Loriot-Cartoon früher gestöhnt haben »Irgendwann bring ich ihn um!«, lässt Sie das störende Verhalten bei dem Mann, der nur noch der Vater Ihrer Kinder ist, überraschenderweise kalt.

Selbstverständlich gibt es auch Situationen, in denen keine Verbindung zum Ex mehr möglich oder ratsam ist. Sollte das auf Sie zutreffen, arbeiten Sie sich daran nicht unnötig ab. Sie haben das Recht, alle Seile zu kappen. Tun Sie einfach, was Sie für richtig halten, um sich zu schützen.

Die allermeisten, die einigermaßen realistisch auf ihre geschiedene Ehe zurückschauen, werden feststellen, dass es viele schöne Momente gab. Nur für ein »lebenslänglich« hat es eben nicht gereicht. Wenn man akzeptiert, dass die Ehe jetzt vorbei ist, braucht man nichts zu verdrängen. Im Gegenteil: Lernen Sie daraus und machen Sie es beim nächsten Mal besser.

Und sollten Sie doch noch ein paar Rachegelüste hegen, nutzen Sie diese konstruktiv: Die allerbeste Rache ist immer noch die, ein glückliches Leben zu führen. Trotz aller enttäuschten Hoffnungen, Vertrauensbrüche und unschönen Szenen kann niemand – außer Ihnen! – Sie daran hindern, glücklich zu sein. Sie brauchen eventuell etwas Zeit, Ihre Wunden zu lecken, und ein gehöriges Maß an Entschlossenheit, um Selbstliebe und Gelassenheit zu trainieren. Aber irgendwann kommt bestimmt der Tag, an dem Sie sagen: »Jetzt bin ich frei für etwas Neues!«

Die
rechtliche Seite
der Scheidung

Der Scheidungsprozess

In diesem Kapitel geht es nicht um Paragrafen und juristische Hinweise. Das Familienrecht ist dynamisch, und Bücher dazu veralten schnell. Außerdem füllt allein die Darstellung des Unterhaltsrechts ganze Regalwände.

Uns ist mehr daran gelegen, für Sie die acht entscheidenden taktischen und strategischen Tipps zusammenzutragen, die uns – nach jahrzehntelanger Beratung und Begleitung von Menschen in Trennung und Scheidung – am wichtigsten erscheinen, um gut durch diesen Prozess (im doppelten Sinn des Wortes) zu kommen.

Vor dem Familiengericht

Zunächst ein paar Worte zum Gerichtsverfahren: Niemand steht gern vor Gericht. Allein schon diese alten Gerichtsgebäude, in denen alles darauf angelegt scheint, dass Sie sich klein und unbedeutend vorkommen. Da braucht es eine Extraportion Selbstbewusstsein, um sich zu behaupten.

Oft tut es gut, bereits vor dem ersten Termin das für Ihre Sache zuständige Familiengericht ohne Zeitdruck anzuschauen, das Terrain sozusagen zu sondieren. Sie sind dann in der Gerichtsverhandlung garantiert entspannter.

Das Scheidungsverfahren ist ein Zivilverfahren. Deshalb gibt es hier keine »Angeklagten«, sondern »AntragstellerInnen«. Sie haben nichts ausgefressen, sondern wollen nur Ihre Ehe »rückabwickeln«. Das Familiengericht bestraft Sie nicht, sondern trifft Entscheidungen.

Vieles von dem früheren obrigkeitlichen Gehabe bei Gericht ist verschwunden. Familienrichter verstehen sich heute häufig als Fachleute für Konfliktvermittlung, die Sie dabei unterstützen, eine sinnvolle Lösung zu finden. Etliche Richterinnen sind selbst geschieden und wissen daher gut, wie es in Ihnen aussieht. Außerdem werden Sie ja von der Anwältin/dem Anwalt Ihres Vertrauens begleitet und – wenn nötig – beschützt.

Leider dauern Gerichtsverfahren in Deutschland lange. Es gibt zwar regionale Unterschiede, aber es ist nicht ungewöhnlich, dass in einem Scheidungs- oder Unterhaltsverfahren vom Antrag bis zur gerichtlichen Entscheidung mindestens ein Jahr vergeht. Sie brauchen also Geduld. Das ist nicht unbedingt schlecht. Wenn etwas Zeit vergeht, kühlt das häufig die Gemüter.

Übrigens: Das Verfahren wird für Sie nicht teurer, wenn es länger dauert und mehrere Gerichtstermine erforderlich sind. Auch die Anwältinnen verdienen dadurch nicht mehr. Sie haben kein Interesse daran, dass sich der Prozess in die Länge zieht. Ebenso wenig wie das Gericht. Manchmal sind einfach viele Dinge zu regeln. Es müssen Auskünfte und Gutachten eingeholt werden, und das braucht seine Zeit. Im folgenden Abschnitt haben wir einige nützliche Tipps zusammengetragen.

Acht Dinge, auf die Sie achten sollten

1. Vertrauen ist gut, Kopien sind besser

Das familiengerichtliche Verfahren ist, wie gesagt, eine Zivilsache. Das bedeutet, dass grundsätzlich nicht das Gericht dazu da ist, die »Wahrheit« zu ermitteln (wie im Strafprozess), sondern dass Sie Beweise beibringen müssen, um Ihre Position erfolgreich durchzusetzen. Je mehr Sie belegen können, desto besser.

Wenn Sie zum Beispiel Unterhalt geltend machen möchten, brauchen Sie Beweise für die Einkommenshöhe Ihres Ehepartners. Es gibt zwar einen Auskunftsanspruch, aber gerade bei Selbstständigen oder bei Einkünften aus Kapitalvermögen sind Ihr Wissen und entsprechende Kopien Geld wert. Dasselbe gilt beim Zugewinnausgleich, also der Teilung des in der Ehe Erwirtschafteten.

Leider interessieren sich viele Eheleute erst dann für Konten, Depots und die übrige Habe des anderen, wenn eine Trennung im Raum steht. Es soll auch immer noch Ehefrauen (und Ehemänner) geben, die die gemeinsame Einkommensteuererklärung regelmäßig blind unterschrieben haben. Dabei gehört es eigentlich zu einer guten Ehe, den anderen in allen Belangen gut zu kennen, und das bezieht sich auch auf die finanzielle Seite.

Wie wollen Sie eine gerechte Aufteilung der Lebenshaltungskosten erreichen, wenn Sie gar nicht wissen, was zu verteilen ist? Das hat nichts mit Misstrauen zu tun, sondern mit Informiertheit. Die Zeiten, in denen Frauen mit so profanen Dingen wie Geld nicht in Verbindung gebracht wurden, sollten ein für alle Mal vorbei sein.

Aber auch Männer haben grundsätzlich Ansprüche auf Unterhalt, Vermögensaufteilung und Zugewinnausgleich und tun gut daran, entsprechend vorbereitet zu sein, um nicht vor Gericht an der Beweislast zu scheitern.

Kopieren Sie also alles, was eines Tages von Bedeutung sein könnte, und halten Sie die Kopien aktuell. Damit haben Sie gute Vorarbeit für einen erfolgreichen Prozess geleistet.

2. Sparen Sie Ihre Kräfte für das Wesentliche

Sich die Frage »Was ist mir wichtig?« zu stellen, ist immer sinnvoll, bei der Scheidung ebenso wie während des Zusammenlebens.

Lassen Sie sich ruhig Zeit dabei, die Frage zu beantworten.

Kommt es Ihnen darauf an, die Trennung möglichst harmonisch durchzuführen? Oder verspüren Sie, wenn Sie ehrlich mit sich sind, Rachegelüste? Fürchten Sie sich vor allem davor, finanziell draufzuzahlen? Möchten Sie unbedingt das Haus behalten? Geht es Ihnen vor allem um das Wohlbefinden Ihres Kindes?

Wollen Sie alles, und zwar sofort? Aber Sie kennen bestimmt den Titel der Rolling Stones: »You can't always get what you want« (Du kannst nicht immer bekommen, was du willst, aber wenn du es versuchst, bekommst du manchmal, was du brauchst). Das Wort »sofort« ist bei Gericht sowieso unbekannt. Also wählen Sie aus und machen Sie sich klar, was Ihre Essentials sind und worauf Sie gegebenenfalls verzichten würden.

Konzentrieren Sie sich auf das, was Ihnen wirklich viel bedeutet. Sie müssen der Gegenseite ja nicht unbedingt auf die Nase binden, dass Sie das Silberbesteck gar nicht haben wollen. Schaffen Sie sich Spielraum für Kompromisse. Das (Ver-)Handeln ist vor Gericht nun einmal üblich. Wer das beklagt, ist naiv. Und wer mit seinen Forderungen zu niedrig einsteigt, hat Pech gehabt und bekommt am Ende zu wenig!

Wägen Sie Kosten und Nutzen eines Streits realistisch gegeneinander ab. Ein Prozess über die Verteilung des ehelichen Hausrats kann schnell die Ausgaben für die Neuanschaffung von Möbeln und Krimskrams übersteigen. Können Sie nicht auch ohne die schicke Ledercouch glücklich sein, die Sie sowieso viel zu sehr an vergangene Tage erinnern wird? Der Kampf um solche Kleinigkeiten bindet Energien, die Sie sinnvoller verwenden sollten, um Ihr neues Leben aufzubauen.

Es bringt übrigens gar nichts, sich gegen die Scheidung als solche zu wehren. Wenn eine/-r nicht mehr verheiratet bleiben will, wird die Ehe geschieden. Punkt. Vor unüberlegten Schnellschüssen schützt das Trennungsjahr, das grundsätzlich vor Einreichung eines Scheidungsantrags abgelaufen sein muss (in seltenen Fällen können es auch mal drei werden), aber dann wird geschieden, was nicht (mehr) zusammengehört. Und das ist auch gut so; denn man kann eine Ehe nicht erzwingen. Der Gesetzgeber hat sich dieser Tatsache schließlich gebeugt. Selbst Papst Franziskus findet nicht mehr, dass eine Ehe um jeden Preis aufrechterhalten werden sollte.

In den ersten Monaten nach einer Trennung, die Sie nicht gewollt haben, scheint Ihnen vielleicht ein heroisches »Dann gehen wir eben beide unter!« noch eine gute Idee. Schwelgen Sie ruhig eine Weile in solchen Fantasien, wenn Sie das erleichtert. Aber seien Sie zu klug, sie in die Tat umzusetzen. Drücken Sie unvernünftige Gedanken nicht weg, aber glauben Sie auch nicht alles, was Sie denken. Fragen Sie sich lieber: »Hilft mir das wirklich, entspannt und glücklich zu sein?«, oder: »Was würde ein guter Freund mir jetzt raten?« Das leitet über zum nächsten Punkt.

3. Finden Sie Verbündete

Alles lässt sich leichter ertragen, wenn wir Menschen an unserer Seite haben, die es gut mit uns meinen und die uns guttun.

Wie finden Sie eine Scheidungsanwältin/einen Scheidungs-
anwalt, die/der dieses Kriterium erfüllt?

Da ist einmal die fachliche Seite. Beauftragen Sie eine
Fachanwältin/einen Fachanwalt für Familienrecht. Damit haben Sie die erste Hürde genommen, um kompetent beraten und
vor Gericht vertreten zu werden. Fachanwälte haben erfolgreich eine Zusatzausbildung absolviert und vor allem sehr viel
Erfahrung in Familiensachen nachgewiesen. Das ist wichtig;
denn Sie lassen sich ja auch nicht von einem Hautarzt das Knie
operieren, selbst wenn er noch so sympathisch ist.

Vielleicht haben Sie Freundinnen oder Kollegen, die Ihnen
eine Fachanwältin für Familienrecht empfehlen können, mit
der sie gute Erfahrungen gemacht haben. Eine überzeugende
persönliche Empfehlung ist besonders wertvoll.

Die menschliche Seite spielt eine ebenso große Rolle. Fühlen Sie sich mit einer bestimmten Anwältin wohl oder sind Sie
froh, wenn das Gespräch beendet ist? Hört Ihr Anwalt Ihnen
zu oder fällt er Ihnen dauernd ins Wort? Passt Ihre Strategie zu
der Ihrer Anwältin? Sind Sie von der Persönlichkeit Ihres An-
walts überzeugt? Haben Sie den Eindruck, dass die Anwältin
für Sie etwas erreichen will und Sie nicht nur als lukrativen
»Fall« betrachtet?

Der Rat, Verbündete zu finden, geht aber weiter: Wer kann
Sie sonst noch während des Scheidungsverfahrens unterstüt-
zen? Wer bestärkt Sie, gibt Ihnen aber auch einen Hinweis, falls
Sie dabei sind, sich zu verrennen?

Freunde oder Familienangehörige sind nicht in jedem Fall
für diese Rolle geeignet. Hat Ihre Mutter Ihnen von Anfang an
von diesem Mann/dieser Frau abgeraten, färbt ihre Abneigung
unter Umständen auf die Qualität ihrer Ratschläge ab. Es tut

nicht gut, immer wieder zu hören: »Ich habe es dir ja gleich gesagt, dass ...« Vielleicht gründen Sie eine Gruppe Gleichgesinnter, die sich gerade in einer ähnlichen Situation befinden, um sich auszutauschen und sich gegenseitig aufzurichten, falls Sie doch einmal durchhängen. Wenn Sie die Trennung als sehr belastend empfinden, kann sich eine therapeutische Unterstützung oder ein Coaching für Sie lohnen. Holen Sie sich die Rückenstärkung, die Sie brauchen.

Außerdem: Verwöhnen Sie sich regelmäßig mit etwas, das Ihnen Freude bringt. Sie haben es gerade nicht leicht. Sorgen Sie für Ausgleich. Seien Sie sich selbst die/der beste Verbündete!

4. Konzentrieren Sie sich auf Lösungen

Eine Scheidung kann zu fruchtlosen Grübeleien darüber anregen, was in den letzten 20 (oder acht oder 35) Jahren schiefgelaufen ist. Falls Sie sich immer wieder fragen »Habe ich in der Beziehung nicht eigentlich immer schon den Kürzeren gezogen? Hätte ich mich schon vor 15 Jahren völlig anders verhalten müssen?« oder falls Sie sich ständig sagen »Ich dachte immer, ich kenne meine/-n Frau/Mann; jetzt weiß ich, dass das eine Illusion war!«, hören Sie auf damit. Solche Grübelspiralen bringen nichts. Es reicht, einmal die Lehren aus der Vergangenheit zu ziehen und das Kapitel dann zu schließen. Richten Sie den Blick nach vorn, sonst stolpern Sie!

Eine andere Versuchung besteht darin, das Scheidungsverfahren zu einem großen Strafgericht umfunktionieren zu wollen, bei dem Ihr/-e Angetraute/-r nun endlich von offizieller Seite die Quittung für jahre- bis jahrzehntelanges Fehlverhalten serviert bekommen soll.

Glauben Sie uns: All das wollen weder die Anwältinnen noch die Familienrichter wissen. Sie brauchen es nicht, um rechtlich die richtigen Regelungen zu finden. Und Ihnen hilft es auch nicht weiter. Es gibt keine »Scheidungsschuld« mehr. Die Vergangenheit ist vorbei. Vor Ihnen liegt die Zukunft, und die wird umso erfreulicher sein, je mehr Sie daraus machen. Alles, was war, lässt sich nicht mehr ändern.

Finden Sie praktikable, bodenständige Lösungen – ja, auch Kompromisse (die man, wenn sie gut sind, oft daran erkennt, dass beide Seiten mit den Zähnen knirschen). Gar nicht so selten zeigt sich dabei ein guter Ausweg: Wie bei einem erbitterten Streit um eine Zitrone finden beide heraus, dass der eine in Wirklichkeit den Saft und der andere nur die Schale benötigt. So gibt es am Ende zwei Gewinner.

5. Bleiben Sie sachlich

Ja, wir wissen, das ist viel verlangt! Manchmal reißen uns die Emotionen einfach mit. Stopp! Haben Sie den Gedankenfehler bemerkt? Das ist reines AC-Denken. Wenn Sie sich nicht »mitreißen« lassen, passiert überhaupt nichts. Sie sind Ihren Gefühlen nicht hilflos ausgeliefert, sondern können sie jederzeit regulieren. Aber einfach ist es nicht, so bewusst zu sein und zu handeln. Vielleicht hilft Ihnen ein Trick: Ihrer ChefIn würden Sie auch nicht gründlich die Meinung sagen, egal wie sehr Sie sich ärgern. Stellen Sie sich vor, Sie hätten sie vor sich und nicht Ihre PartnerIn. Das bewahrt Sie vor dem Schlimmsten.

Die Verlockung scheint manchmal groß, »die Sau rauszulassen«. Aber das ist keine gute Idee. Sich mit jedem gerichtlichen oder außergerichtlichen Schriftsatz und jedem Auftritt beim Gerichtstermin weiter hochzuschaukeln auf der nach oben offenen Eskalationsskala tut nämlich nicht nur der Gegenseite weh, sondern auch und vor allem Ihnen. Sie kennen doch den Spruch: »Hassen ist wie Gift trinken und hoffen, dass der/die andere tot umfällt«.

Vermeiden Sie, bei der Gegenseite allein schon deswegen auf Granit zu beißen, weil diese sich Ihren unangemessenen Ton nicht bieten lassen will und deshalb auf erbitterten Widerstand schaltet, obwohl in der Sache eine Einigung möglich wäre.

Übrigens: Auch die Anwälte und Anwältinnen sind gefordert, kein Öl ins Feuer zu gießen, wo sich doch die Sache behutsam köchelnd für alle Beteiligten viel besser entwickelt hätte. Anwaltliche Schriftsätze sind für Uneingeweihte häufig – sagen wir es so – schwer gewöhnungsbedürftig. Dabei meinen es die Schreiberinnen oft gar nicht so. JuristInnen haben nicht nur eine ziemlich seltsame Fachsprache, sondern oft auch ein betont kämpferisches Auftreten, das von vielen jedoch als unpassend bis beleidigend empfunden wird.

Geben Sie die Verantwortung nicht ab. Jeder hat den Anwalt, den er verdient bzw. sich ausgesucht hat (siehe Tipp 3). Sie sind die Auftraggeberin. Sie bestimmen Inhalt und Ton der Auseinandersetzung. Also pfeifen Sie Ihre Anwältin wenn nötig zurück, damit nicht zu viel Porzellan zerschlagen wird.

Und mäßigen Sie sich selbst. Tun Sie es aus Selbstfürsorge. Fragen Sie sich: »Warum verliere ich gerade bei diesem Punkt die Contenance? Was für Geschichten erzähle ich mir innerlich, um dermaßen sauer zu werden? Wie müsste ich denken, um von meiner Palme wieder runterzukommen?«

Finden Sie beruhigende Gedanken, die Sie überzeugen, zum

Beispiel »Es kommen auch wieder bessere Tage«, »Nichts wird so heiß gegessen, wie es gekocht wird«, »Ich werde damit fertig«. Überlegen Sie: »Kann ich das, was ich sagen will, auch auf eine Art tun, die eine bessere Aussicht auf Erfolg bietet und bei der mich der Richter nicht für eine NeandertalerIn hält?«

Sie halten Ihren Angetrauten für besonders schwierig? Findet er das umgekehrt auch? »Mit dem kann man sich nicht einigen!«, rufen Sie. Drehen Sie diesen Satz einmal um: »Mit mir kann man sich nicht einigen.« Könnte da etwas dran sein? Einer sollte damit anfangen, das Kriegsbeil zu begraben. Seien Sie diese Person!

Eine Ausnahme von diesem Sachlichkeitsgebot gibt es allerdings: die bewusst und fein dosiert eingesetzte Gefühlsäußerung. Es ist durchaus schon vorgekommen, dass ein paar verdrückte Tränen oder eine offen gezeigte Ungehaltenheit über die mangelnde Fairness der Gegenseite das Anliegen einer Prozesspartei wirksam unterstützt haben. Richterinnen sind schließlich auch nur Menschen.

6. Geben Sie niemals auf, nur weil Sie den Konflikt scheuen

Der Rat, sachlich und gelassen zu bleiben, heißt nicht, dass Sie berechtigte Ansprüche vorschnell aufgeben sollen.

Im Gegenteil: Wer entspannt bleibt, wirkt nicht nur überzeugender, sondern hat letztlich mehr Power. Auf diese Weise lässt sich das Ziel auch dann noch ruhig und konzentriert verfolgen, wenn allen Heißspornen, Palmenbesteigern und Schnappatmern längst die Puste ausgegangen ist.

Verbeißen Sie sich nicht in einen fruchtlosen Streit, aber trauen Sie sich, Ihre berechtigten Interessen auch dann einzufordern, wenn es mühsam wird. Geben Sie nicht aus dem momentanen Gefühl heraus auf, einer Auseinandersetzung nicht gewachsen zu sein. Nutzen Sie die Gelegenheit, Selbstsicherheit zu lernen und unangenehme Gefühle auszuhalten. Statt hilflos einzuknicken, lassen Sie sich in diesem Fall lieber coachen. Das machen SportlerInnen auch, um dem Wettkampf gewachsen zu sein.

Wir haben schon viel zu viele Menschen vor Gericht gesehen, die bei der ersten oder spätestens bei der zweiten großen Hürde resigniert aufgegeben haben. Mit einem längeren Atem hätten sie gute Chancen gehabt, aufs Siegertreppchen zu steigen. So etwas tut weh, ist selbstschädigend und ganz und gar unnötig.

Bleiben Sie standhaft, wenn Ihnen ein Anliegen wichtig ist. Noch mal: Falls Sie es noch nicht sind, lernen Sie es jetzt. Scheuen Sie sich nicht, andere auch mal zu nerven, nicht durch Lautstärke oder Beleidigungen, sondern durch Willensstärke und Beharrlichkeit. Es ist keineswegs immer die Klügere, die nachgibt!

Manchmal sind es die RichterInnen, die Sie entmutigen wollen, um Sie zu einem (ungünstigen) Vergleich zu bewegen. Für das Gericht ist es bequemer, kein Urteil schreiben zu müssen, und die Anwälte bekommen für Vergleiche eine zusätzliche Gebühr. Menschlich ist es verständlich, dass dieser Verlockung nicht alle widerstehen wollen.

Gerade in solchen Fällen möchten wir Sie bestärken, dranzubleiben und – wenn es sein muss – in die nächste Instanz zu gehen. Nehmen Sie sich Zeit, lassen Sie sich beraten, holen

Sie eine zweite Meinung ein, wenn es um viel geht, denken Sie in Ruhe über alles nach und treffen Sie schließlich eine Entscheidung, hinter der Sie wirklich stehen, auch in fünf Jahren noch.

7. Sie wollen gewinnen, aber was heißt das eigentlich?

Wenn Sie vor Gericht einen bestimmten Antrag stellen, wollen Sie üblicherweise erreichen, dass das Gericht diesem stattgibt. Schließlich haben Sie sich die Sache, rechtlich gut beraten, reiflich überlegt. Sie wollen GewinnerIn sein. Aber Sie wissen ja: Recht haben und recht bekommen ist zweierlei. Selbst wenn Sie und Ihr Anwalt alles richtig machen, können Sie vor Gericht trotzdem verlieren. Plötzlich ist Ihr Ex der Gewinner.

Aber was heißt das schon? Wer gewinnt? Der, der laut Urteil nichts zahlen muss? Die, die genau das bekommt, was sie beantragt hat? Oder ist es die Person, die einen verlorenen Prozess zu den Akten legen und trotzdem ein gutes Leben führen kann?

Ist die Bezeichnung »Gewinnerin« oder »Verlierer« nicht schon wieder eines dieser irreführenden Etiketten?

Wenn Sie das Unterhaltsverfahren verlieren, aber bei der Vermögensauseinandersetzung gewinnen: Passt dann überhaupt ein Etikett? Vielleicht läuft es beim Familiengericht nicht wie erhofft, aber dafür klappt etwas anderes besser als erwartet, zum Beispiel geht es den Kindern trotz der Trennung richtig gut. Sagen Sie sich in solchen Fällen so etwas wie: »Es ist nur ein Gerichtsverfahren, mehr nicht«, »Wer weiß, wozu das gut ist?« oder »Es gibt Wichtigeres«.

Tun Sie alles, was nötig ist, um Ihren Positionen zum Recht zu verhelfen, aber weigern Sie sich hartnäckig, unglücklich zu sein, falls es vor Gericht trotzdem nicht rund läuft. Dadurch gewinnen Sie mehr, als Ihnen ein Gericht jemals zusprechen kann.

Zum Schluss der allerwichtigste aller wichtigen Punkte:

8. Lassen Sie sich nie entmutigen

Und wenn wir nie sagen, meinen wir NIE, NIE, NIEMALS!

Geben Sie notfalls Rechtspositionen auf, aber auf keinen Fall Ihre Überzeugung, wieder glücklich zu werden.

Es gibt ein Leben nach dem Scheidungsverfahren. Nach einiger Zeit wird die Trennung und alles, was damit zusammenhängt, nur noch eine Episode in Ihrem Leben sein. Eine von vielen, die Sie erlebt haben. Eine von denen, die Sie stärker gemacht hat. Vielleicht so etwas wie eine HeldInnenreise: Zuerst schien das Ziel in weiter Ferne. Drachen haben Sie angefaucht. Böse Mächte haben sich bedrohlich vor Ihnen aufgebaut. Aber Sie haben sich nicht erschrecken lassen (oder nur ein kleines bisschen) und getan, was zu tun war.

Sie haben es tapfer überstanden.

Jetzt wenden Sie sich erfreulicheren Dingen zu.

Viel Spaß dabei!

Wie geht es weiter?

Natürlich hoffen wir, dass Sie in unserem Buch alles gefunden haben, um aus Ihrer Scheidung das Beste zu machen. Manchmal reicht schon ein einziger Hinweis. Jedenfalls haben wir das selbst schon erlebt, dass ein kleiner Tipp uns geholfen hat, den restlichen Weg von allein zu finden.

In anderen Fällen kann es hilfreich sein, dieses Buch während der Scheidung als Begleiter zu benutzen und täglich darin zu lesen. Das ist besonders wichtig, wenn sonst das Gelernte gleich wieder vergessen wird. Neue Einstellungen müssen eine Zeit lang ständig geübt werden. Das ist genauso wie bei einem Körpertraining. Die Wirkung von Fitnessübungen verpufft schnell, wenn sie nicht regelmäßig wiederholt werden.

Im folgenden Literaturverzeichnis finden Sie weitere Bücher, mit denen Sie das eine oder andere Thema vertiefen können. Es ist nicht erforderlich, die gesamte Liste durchzuarbeiten. Aber falls Sie zum Beispiel genauer wissen möchten, wie Sie ein selbstbewusstes, selbstsicheres Verhalten entwickeln können, lohnt sich die Lektüre entsprechender Ratgeber.

Leider ist es unmöglich, in einem Buch auf individuelle Fragestellungen einzugehen. Wir haben versucht, die typischen Probleme, die bei einer Scheidung auftreten, anzusprechen und dafür Lösungen anzubieten, die sich bei vielen anderen bewährt haben.

Hinzu kommt, dass manchen die Lektüre eines Buchs nicht reicht. Das ist kein Mangel, sondern einfach eine Frage des richtigen Lernkanals. Der eine lernt am besten mit Büchern, der andere braucht Videos, und wiederum andere machen die besten Fortschritte in Gesprächen mit einem Trainer.

Sollten Sie den Eindruck haben, dass ein persönliches Coaching auf der Basis dieses Buchs genau das Richtige für Sie wäre, um Ihre Scheidung optimal zu bewältigen, nehmen Sie gerne Kontakt mit uns auf.

Auf unserer Website www.thomashohensee.de finden Sie nähere Informationen über unsere Angebote.

Wir freuen uns auf Sie!

Literatur

Burns, David: *Feeling good. Depressionen überwinden, Selbstachtung gewinnen.* Junfermann, Paderborn 2006 (4. Aufl.)

Burns, David: *Feeling good together. Sich miteinander wohlfühlen – Wie selbst schwierige Partnerschaften gelingen.* Junfermann, Paderborn 2010

Ellis, Albert: Training der Gefühle. Wie Sie sich hartnäckig weigern, unglücklich zu sein. mvg, München 2006 (Neuauflage)

Gordon, Thomas: *Gute Beziehungen. Wie sie entstehen und stärker werden.* Klett-Cotta, Stuttgart 2013 (3. Aufl.)

Harris, Russ: *Wer vor dem Schmerz flieht, wird von ihm eingeholt. Unterstützung in schwierigen Zeiten.* Kösel, München 2013

Hohensee, Thomas: *Gelassenheit beginnt im Kopf. So entwickeln Sie einen entspannten Lebensstil.* Knaur Mens-Sana, München 2015

Hohensee, Thomas: *Das Gelassenheitstraining. Wie wir Ärger, Frust und Sorgen die Macht nehmen.* Kailash, München 2014

Hohensee, Thomas: *Der innere Freund. Sich selbst lieben lernen.* dtv, München 2011

Hohensee, Thomas/Georgy, Renate: *Gelassenheit in der Liebe. Vom Beziehungsfrust zum entspannten Glück.* mvg, München 2016

Largo, Remo; Czernin, Monika: *Glückliche Scheidungskinder. Was Kinder nach der Trennung brauchen.* Piper, München 2015

Luskin, Fred: *Forgive for good.* (auf Deutsch nicht mehr lieferbar, eventuell noch antiquarisch oder in Büchereien: *Die Kunst zu verzeihen.* mvg, München 2003)

Nezu, Arthur; Nezu, Christine: *Solving Life's Problems. A 5-Step Guide to Enhanced Well-being.* Springer publishing company 2006

Rosenberg, Marshall: *Gewaltfreie Kommunikation. Eine Sprache des Lebens.* Junfermann, Paderborn 2012

Sher, Barbara: *Wishcraft. Lebensträume und Berufsziele entdecken und verwirklichen.* Edition Schwarzer, Osnabrück 2014

Sher, Barbara: *Lebe das Leben, von dem du träumst.* dtv, München 2007 (2. Aufl.)

Smith, Manuel: *Sag nein ohne Skrupel. Die neue Methode zur Steigerung von Selbstsicherheit und Selbstbehauptung.* mvg, München 2005 (12. Aufl.)

Resilient mit positiver Psychologie

144 Seiten, Klappenbroschur
ISBN 978-3-95803-003-9

Christophe André und Matthieu Ricard zählen zu den wichtigsten Stimmen einer psychologisch fundierten Selbstfürsorge. Gemeinsam mit vier weiteren renommierten Autoren öffnen sie den Zugang zur Positiven Psychologie und zeigen, wie sie sich konkret im Alltag umsetzen lässt: Einfache Übungen und Praxisanregungen helfen, Positives bewusst wahrzunehmen, sodass unsere Fähigkeit, mit Schwierigkeiten umzugehen, gestärkt wird und wir zufriedener und erfüllter leben können.

Mehr über unsere Bücher: www.scorpio-verlag.de

Denn hinterm Horizont geht's weiter

336 Seiten, Klappenbroschur
ISBN 978-3-95803-021-3

Wir alle können einen Mutmacher brauchen, der uns hilft, wieder an unsere Träume zu glauben und sie Realität werden zu lassen. Für jeden, der sagt: »Das kann doch noch nicht alles gewesen sein«, hat Beatrice Reszat, erfolgreiche Songtexterin für Udo Lindenberg und Peter Maffay, dieses Buch geschrieben. Sie zeigt mit vielen praktischen Tipps, wie wir erkennen und erreichen, was wir wirklich wollen – um endlich das Leben zu leben, das wir uns wünschen.

SCORPIO